AS 95 TESES E A ESSÊNCIA DA IGREJA

Dados Internacionais de Catalogação na Publicação (CIP)
(Câmara Brasileira do Livro, SP, Brasil)

Lutero, Martinho, 1483-1546
    As 95 teses e a essência da Igreja / Martinho Lutero ; [tradução Carlos Caldas]. -- São Paulo : Editora Vida, 2016.

    Título original: *The Ninety-five Theses and the Three Primary Works of Dr. Martin Luther.*
    ISBN 978-85-3830-346-6

    1. Igreja - História 2. Igrejas luteranas 3. Lutero, Martinho - 1483-1546 4. Protestantismo 5. Reforma protestante - Obras anteriores à 1800 I. Título.

16-05359   CDD-270.6092

Índice para catálogo sistemático:

    1. Lutero : Período da Reforma : Igreja cristã : História   270.6092

AS 95 TESES E A ESSÊNCIA DA IGREJA

MARTINHO LUTERO

500 anos
A Igreja precisa
de uma Nova Reforma

Vida
ACADÊMICA

Editora Vida
Rua Conde de Sarzedas, 246 — Liberdade
CEP 01512-070 — São Paulo, SP
Tel.: 0 xx 11 2618 7000
atendimento@editoravida.com.br
www.editoravida.com.br
@editora_vida /editoravida

Editor responsável: Gisele Romão da Cruz Santiago
Tradução: Carlos Caldas
Revisão de tradução: Rogério Portella
Revisão de provas: Josemar de Souza Pinto
Projeto gráfico e diagramação: Claudia Fatel Lino
Capa: Arte Peniel

AS 95 TESES E A ESSÊNCIA DA IGREJA
©2016, Martinho Lutero
Título original: *The Ninety-five Theses and the Three Primary Works of Dr. Martin Luther.*

Todos os direitos desta edição em língua portuguesa são reservados e protegidos por Editora Vida pela Lei 9.610, de 19/02/1998.

É proibida a reprodução desta obra por quaisquer meios (físicos, eletrônicos ou digitais), salvo em breves citações, com indicação da fonte.

∎

Exceto em caso de indicação em contrário, todas as citações bíblicas foram extraídas da *Nova Versão Internacional* (NVI)
© 1993, 2000, 2011 by International Bible Society, edição publicada por Editora Vida.
Todos os direitos reservados.

Todas as citações bíblicas e de terceiros foram adaptadas segundo o Acordo Ortográfico da Língua Portuguesa, assinado em 1990, em vigor desde janeiro de 2009.

∎

As opiniões expressas nesta obra refletem o ponto de vista de seus autores e não são necessariamente equivalentes às da Editora Vida ou de sua equipe editorial.

Os nomes das pessoas citadas na obra foram alterados nos casos em que poderia surgir alguma situação embaraçosa.

Todos os grifos são do autor, exceto os indicados.

1. edição: set. 2016
1ª reimp.: abr. 2017
2ª reimp.: dez. 2020
3ª reimp.: maio 2023

Esta obra foi composta em *Arno Pro*
e impressa por Promove Artes Gráficas sobre papel
Pólen Natural 80 g/m² para Editora Vida.

Sumário

Parte 1
Os primeiros princípios da Reforma
As 95 teses

Carta introdutória 9
Disputa do dr. Martinho Lutero concernente à penitência e às indulgências .. 13
Protesto 24

Parte 2
Do cativeiro babilônico da igreja

Jesus 27
Sobre a ceia do Senhor 37
A respeito do sacramento do batismo 79
Do sacramento da penitência 108
Da confirmação 119
Do matrimônio 121
Das ordens 137
Do sacramento da extrema-unção 149

Parte 1

Os primeiros princípios da Reforma

As 95 teses

Carta introdutória

Ao reverendíssimo pai em Cristo e mui ilustre senhor, Alberto, arcebispo e primaz das igrejas de Magdeburgo e Mentz, marquês de Brandemburgo, seu senhor e pastor em Cristo, mui gracioso e digno de todo o respeito e toda a reverência —

Jesus

A graça de Deus seja contigo, com tudo o que és e fazes.

Perdoa-me, reverendíssimo pai em Cristo, príncipe mui ilustre, se eu, a escória da humanidade, ouso pensar em encaminhar uma carta à eminência da tua sublimidade. O Senhor Jesus é minha testemunha de que, na consciência da minha mesquinhez e pequenez, tenho protelado a tarefa à qual agora me inclino a executar, movido particularmente pelo senso da consideração fiel que sinto que a ti devo, reverendíssimo pai em Cristo. Que tua alteza possa então se dignar de baixar os olhos a este grão de areia e, em tua clemência pontifical, entender meu discurso.

Indulgências papais têm sido veiculadas, sob tua autoridade muito distinta, para a construção da Basílica de São Pedro. Quanto a isso, não acuso os dizeres extravagantes dos pregadores, que eu mesmo não ouvi, mas lamento as ideias falsas que o povo concebe por meio desses dizeres, e que são espalhados em conversas por toda parte — isto é, almas infelizes acreditam que se comprarem as cartas de indulgência terão a salvação garantida; e também que tão logo depositem sua contribuição no gazofilácio, almas imediatamente saem do purgatório; e mais ainda, tão grande é a graça assim conferida que não há pecado tão grande — mesmo, digamos, que se, por uma impossibilidade, alguém violasse a Mãe de Deus — que não lhe fosse perdoado; e mais uma vez, por meio das indulgências qualquer homem fica livre de todo castigo e toda culpa.

Ó Deus gracioso! Assim as almas confiadas a teu cuidado, excelentíssimo pai, estão sendo ensinadas até a morte, e a responsabilidade das contas que tu terás de prestar por todas elas está crescendo e aumentando. Por isso não consigo mais manter o silêncio quanto à questão, pois por nenhuma tarefa do escritório episcopal o homem pode ter segurança da salvação, pois o homem só terá tal certeza por meio da graça divina que lhe é infusa; porém, mesmo assim o apóstolo nos diz que devemos desenvolver nossa salvação com temor e tremor (Filipenses 2.12). Mesmo o justo, diz Pedro, será salvo com dificuldade (1Pedro 4.18). Em resumo, tão estreito é o caminho conducente à vida que o Senhor, falando pelos profetas Amós e Zacarias, chama os que hão de ser salvos de tições arrancados da fogueira, e nosso Senhor muitas vezes declara a dificuldade da salvação.

Por que então, por essas histórias e promessas de perdão falsas, os pregadores fazem as pessoas se sentirem seguras e sem medo? Pois as indulgências não conferem absoluto bem algum à alma no que concerne à salvação ou santidade, apenas retiram a penitência há muito tempo imposta segundo os cânones.

Por fim, obras de piedade e caridade são infinitamente melhores que indulgências, mas eles não as apresentam ou não o fazem com zelo; mantêm silêncio a respeito quando pregam o perdão.

No entanto, este é o primeiro e único dever de todos os bispos: que o povo aprenda o evangelho e a caridade cristã, pois em nenhum lugar Cristo ordena a pregação das indulgências. Que coisa medonha então, que perigo para um bispo se ele não permite nada, a não ser o clamor barulhento das indulgências sendo pregadas para o povo — enquanto o evangelho é deixado em silêncio — e concede-lhes mais atenção que ao evangelho! Cristo lhes dirá: " 'Guias cegos! Vocês coam um mosquito e engolem um camelo' " [Mateus 23.24].

Além de tudo isso, reverendíssimo pai no Senhor, na instrução dos comissários divulgada em nome de tua reverendíssima paternidade declara-se — sem dúvida, sem conhecimento e consentimento de tua reverendíssima paternidade — que uma das principais graças veiculadas pelas indulgências é que, pelo dom divino inestimável, pelo qual o homem é reconciliado com Deus, e todas as dores do purgatório são afastadas; e mais ainda, que a contrição não é mais necessária para quem redime as almas ou compra licenças confessionais dessa maneira.

Mas o que posso fazer, excelentíssimo primaz e mui ilustre príncipe, a não ser suplicar ao reverendíssimo pai, por meio do Senhor Jesus Cristo, que te dignes de voltar os olhos do teu paternal cuidado e proíbas esses anúncios e imponhas aos pregadores de indulgências outras formas de pregação, a não ser que porventura surja alguém que apresente escritos em confrontação a pregadores e seus anúncios, para a mais profunda reprovação de tua ilustre alteza. A possibilidade de isso ser feito é algo que me aborrece intensamente, e temo que aconteça, a não ser que o mal seja rapidamente remediado.

Suplico à tua ilustre graça que te dignes de receber esta fiel apresentação do meu humilde dever com espírito principesco e episcopal

— isto é, com toda a clemência —, o que ofereço com coração fiel, como um dos mais devotados à tua reverendíssima paternidade, pois eu também sou parte do teu rebanho. Que o Senhor Jesus guarde tua reverendíssima paternidade para sempre e sempre. Amém.

De Wittemberg, na véspera do Dia de Todos os Santos, no ano de 1517.

Se agradar ao reverendíssimo pai, poderás examinar estas disputas, e perceberás quão duvidosa é a questão das indulgências, que eles disseminam como se fosse algo certo.

A ti, mui reverendíssimo pai,

MARTINHO LUTERO.

Disputa do dr. Martinho Lutero concernente à penitência e às indulgências

No desejo e com o propósito de elucidar a verdade, uma disputa acontecerá sobre as mencionadas proposições em Wittemberg, sob a presidência do reverendo padre Martinho Lutero, monge da Ordem de Santo Agostinho, mestre em Artes e em Sagrada Teologia, e professor destas nessa mesma casa. Ele, por conseguinte, pede aos que não podem estar presentes e discutir o assunto oralmente que, ausentes, o façam por carta. Em nome de nosso Senhor Jesus Cristo. Amém.

1. Nosso Senhor e Mestre Jesus Cristo ao dizer "arrependei-vos"[1] intencionou que toda a vida dos cristãos seja de arrependimento.
2. Essa palavra não pode ser entendida como penitência sacramental, que é a confissão e satisfação realizadas sob o ministério dos sacerdotes.

---

[1] No latim da *Vulgata*, *agite poenitentiam*, algumas vezes foi traduzido por "arrependam-se". O efeito das teses seguintes depende de alguma maneira do sentido duplo de *poenitentia* — penitência e arrependimento.

3. Mas isso não se refere apenas à penitência interior; isto é, tal penitência interior é inútil, a não ser que externamente produza mortificações na carne.

4. O arrependimento[2] assim continua, tanto quanto o ódio a si mesmo — isto é, o verdadeiro arrependimento interior — continua, até nossa entrada no reino dos céus.

5. O papa não tem nem vontade nem poder para remir quaisquer penitências, exceto as que ele impôs por autoridade própria ou por autoridade canônica.

6. O papa não tem poder para remir qualquer culpa, exceto para declarar e garantir sua remissão por Deus; ou, quando muito, remindo casos reservados para si mesmo; neles, sendo desprezado seu poder, a culpa certamente permanecerá.

7. Deus jamais remirá a culpa de homem algum sem que este se sujeite, com total humildade, à autoridade de seu representante, o sacerdote.

8. Os cânones penitenciais são impostos apenas aos vivos, e nenhum peso deve ser imposto aos moribundos.

9. Por isso, o Espírito Santo, atuando no papa, nos faz o bem em que, em seus decretos, sempre abre exceção quanto ao artigo da morte e da necessidade.

10. Agem de modo errado e ignorante os sacerdotes que, no caso dos moribundos, reservam-lhes penalidades canônicas para o purgatório.

11. O joio da transformação da penalidade canônica em penalidade de purgatório foi certamente semeado enquanto os bispos dormiam.

---

[2] Em latim, *poena*, sendo mais uma vez sugestiva a ligação entre *poena* e *poenitentia*.

12. Antigamente, as penalidades canônicas eram impostas antes da absolvição, não depois — como teste de verdadeira contrição.

13. Os moribundos pagam todas as suas penalidades pela morte, e já estão mortos segundo as leis canônicas, e estão por direito desobrigados delas.

14. A sapiência ou caridade imperfeita do moribundo trazem necessariamente grande temor, e, quanto menores forem, maior o temor que produzirão.

15. Esse medo e horror são suficientes por si mesmos, para não dizer nada de outras coisas, para constituir as dores do purgatório, pois está muito próximo do horror provocado pelo desespero.

16. O inferno, o purgatório e o céu são tão diferentes uns dos outros quanto o desespero, o quase desespero e a paz mental são diferentes uns dos outros.

17. Com as almas no purgatório parece necessário que, enquanto o horror diminui, a caridade aumente.

18. Parece que não foi provado, nem por argumentos nem por qualquer texto bíblico, que as almas do purgatório estejam fora do estado de mérito ou do crescimento em caridade.

19. Ao que parece, ainda não se provou que as almas do purgatório estão seguras e confiantes quanto à própria bem-aventurança, todas elas pelo menos, ainda que não estejamos seguros disso.

20. Portanto, quando o papa fala de indulgência plenária de todas as culpas, não fala de todas, mas apenas das que ele mesmo impôs.

21. Dessa maneira estão errados os pregadores de indulgências que dizem que, pelas indulgências do papa, o homem perdido está salvo de todo castigo.
22. Pois o papa, de acordo com os cânones eclesiásticos, não dispensa as almas do purgatório de pena nenhuma que deveria ter sido paga em vida.
23. Se qualquer indulgência plenária de todas as penalidades puder ser concedida a qualquer um, sem dúvida ela será concedida só aos mais aperfeiçoados — que são muito poucos.
24. Daí que a maior parte do povo é enganada com essas promessas indiscriminadas e impressionantes da remissão de todas as penas.
25. O poder do papa sobre o purgatório, de modo geral, também o detém cada bispo em sua diocese e cada padre em sua paróquia, em particular.
26. O papa age com muito acerto ao conceder remissão às almas não pelo poder das chaves (sem nenhuma serventia no caso), mas por intermédio da intercessão.
27. Eles pregam que a alma sai do purgatório assim que se ouve o tilintar da moeda ao cair no cofre das ofertas.
28. O certo é que, ao tilintar o dinheiro na caixa, a avareza e o lucro podem aumentar, mas a intercessão da igreja depende só da vontade de Deus.
29. E quem sabe se todas as almas no purgatório desejam ser libertas dele, conforme a história contada pelos santos Severino e Pascoal.
30. Nenhum homem está seguro da realidade da própria contrição, muito menos de receber perdão completo por todos os seus pecados.

31. Raro é o verdadeiro penitente, tão raro é quem verdadeiramente obtém o perdão — isto é, muito raro.

32. Os que acreditam que por intermédio de cartas de perdão podem ter certeza da própria salvação serão condenados eternamente junto com os seus mestres.

33. Devemos tomar cuidado especial com quem diz que os perdões do papa são o mais inestimável dom divino pelo qual o homem é reconciliado com Deus.

34. Pois a graça concedida por esses perdões diz respeito apenas aos castigos da satisfação sacramental, de indicação humana.

35. Não prega nenhuma doutrina cristã quem ensina a desnecessidade da contrição para quem retira as almas do purgatório ou compra documentos de confissão.

36. Todo cristão verdadeiramente compungido tem por direito a remissão plenária do castigo e da culpa, mesmo que não disponha de indulgências de perdão.

37. Todo cristão verdadeiro, vivo ou morto, tem parte em todos os benefícios de Cristo e da igreja, que lhe foram dados por Deus, mesmo sem cartas de perdão.

38. Todavia, o perdão concedido pelo papa não deve de modo algum ser desprezado, pois, como já declarei, trata-se de uma declaração do perdão divino.

39. É algo muito difícil, mesmo para os teólogos mais eruditos, exaltar ao mesmo tempo o amplo efeito do perdão e a necessidade de verdadeiro arrependimento aos olhos do povo.

40. O verdadeiro arrependimento busca e ama o castigo, enquanto a abundância de perdão causa relaxamento, e leva os homens a odiarem-no, ou pelo menos lhes dá motivo para tanto.

41. O perdão apostólico deve ser proclamado com cautela, a não ser que o povo seja levado a imaginar com falsidade que o perdão é melhor que boas obras de caridade.
42. Os cristãos devem aprender que não está na mente do papa que a compra de perdão deva de algum modo ser comparada às obras de misericórdia.
43. Os cristãos devem aprender que quem ajuda a um pobre ou empresta dinheiro a um necessitado faz melhor que comprar indulgências.
44. Porque, por uma obra de caridade, a caridade aumenta, e o homem se torna melhor, enquanto comprando indulgências ele não se torna melhor, apenas livre do castigo.
45. Os cristãos devem aprender que quem vê o necessitado e o ignora e compra indulgências não adquire para si as indulgências do papa, mas a ira de Deus.
46. Os cristãos devem aprender que, a não ser que tenham riquezas supérfluas, devem gastar seu dinheiro no sustento da família, e de modo algum desperdiçá-lo comprando indulgências.
47. Os cristãos devem aprender que, conquanto sejam livres para comprar indulgências, não há nenhum mandamento para que o façam.
48. Os cristãos devem aprender que o papa, ao conceder indulgências, precisa e deseja mais orações piedosas que de pagamentos em dinheiro.
49. Os cristãos devem aprender que o perdão do papa é útil, caso não depositem nele sua confiança, mas é inútil se, ao comprarem indulgências, perderem o temor a Deus.

50. Os cristãos devem aprender que, se o papa estivesse inteirado do que fazem os pregadores de indulgências, ele preferiria que a Basílica de São Pedro fosse reduzida a cinzas a ser construída com a pele, a carne e os ossos de suas ovelhas.

51. Os cristãos devem aprender que, se fosse seu dever, seria desejo do papa até mesmo vender a Basílica de São Pedro e dar do próprio dinheiro a todas as pessoas que foram extorquidas pelos pregadores de indulgências.

52. Vã é a esperança de salvação por intermédio de cartas de indulgência, mesmo que um enviado do papa — ou o papa em pessoa — entregasse a própria alma como garantia.

53. São inimigos de Cristo e do papa os que, para promover a pregação das indulgências, condenam a Palavra de Deus ao silêncio nas igrejas.

54. Um erro é cometido quando a Palavra de Deus recebe menos tempo que a divulgação das indulgências no mesmo sermão.

55. O desejo do papa é que, se as indulgências — assunto de pequena importância — são celebradas com sinos, procissões e cerimônias, o evangelho, que é de importância muito maior, deve ser pregado com centenas de sinos, centenas de procissões e cerimônias.

56. Os tesouros da igreja, dos quais o papa concede as indulgências, não são devidamente conhecidos entre o povo de Cristo.

57. Está claro que não se trata de bens temporais, pois não são prontamente distribuídos, mas apenas acumulados, por muitos pregadores.

58. Nem são eles méritos de Cristo e dos santos, pois estes, independentemente do papa, estão sempre concedendo graça ao homem interior, e a cruz, a morte e o inferno ao homem exterior.

59. São Lourenço disse que os pobres são os tesouros da igreja, mas ele falou de acordo com o uso das palavras no seu tempo.

60. Não nos precipitamos quando falamos que as chaves da igreja, concedidas pelos méritos de Cristo, são este tesouro.

61. Pois está claro que o poder do papa é suficiente para a remissão de penas em alguns casos particulares.

62. O verdadeiro tesouro da igreja é o santo evangelho da glória e da graça de Deus.

63. Mas esse tesouro tem sido detestado, porque faz dos primeiros os últimos.

64. Enquanto o tesouro das indulgências é mais aceitável, pois faz dos últimos os primeiros.

65. Por isso os tesouros do evangelho são redes nas quais antigamente se apanhavam homens ricos.

66. Os tesouros das indulgências são redes, com as quais atualmente se apanham as riquezas humanas.

67. As indulgências, que os pregadores orgulhosamente proclamam como as maiores graças, são assim consideradas porque lhes servem de promoção de lucro.

68. Mas elas não podem nem de longe ser comparadas à graça de Deus e à piedade da cruz.

69. Bispos e padres são obrigados a receber com toda a reverência os comissários das indulgências apostólicas.

70. Mas têm que ver e ouvir com toda a atenção para que esses homens não preguem os próprios devaneios em lugar das ordens dadas pelo papa.
71. Quem fala contra a verdade da indulgência apostólica é anátema e maldito.
72. Por outro lado, que seja bendito quem age contra a licenciosidade dos pregadores de indulgências.
73. Como o papa com justiça troveja contra quem usa qualquer tipo de maquinação para o crime do tráfico de indulgências.
74. Muito maior é sua intenção de trovejar contra os que, sob pretexto de indulgência, prejudicam a santa caridade e a verdade.
75. Pensar que as indulgências papais têm poder tal que poderiam absolver um homem mesmo que — por uma impossibilidade — ele tivesse violado a Mãe de Deus, é loucura.
76. Afirmamos, ao contrário, que as indulgências papais não podem retirar o menor dos pecados veniais no que concerne à culpa deles.
77. Dizer que se São Pedro fosse o papa ele não poderia conceder graças maiores é uma blasfêmia contra São Pedro e contra o papa.
78. Afirmamos, ao contrário, que ele e qualquer outro papa não dispõem de graça maior para conceder, a não o ser o evangelho, poderes, dons de cura etc. (1Coríntios 12.9).
79. Dizer que a cruz colocada entre as insígnias das armas papais tem poder igual ao da cruz de Cristo é blasfêmia.
80. Bispos, padres e teólogos que permitem a difusão desses discursos entre o povo prestarão contas disso.

81. A licença para pregar indulgências não torna fácil nem para os mais eruditos proteger a honra do papa contra calúnias ou, em todo caso, os questionamentos contundentes da parte dos leigos.

82. Por exemplo: Por que o papa não esvazia o purgatório motivado por caridade santa e pela suprema necessidade das almas — esta é a mais justa de todas as razões — se ele redime um número infinito de almas por causa de dinheiro que será gasto na construção de uma basílica — sendo esta uma razão muito pequena?

83. Outra, por que as missas fúnebres e as missas de aniversário de falecimento continuam, e por que o papa não devolve, ou permite a retirada dos fundos adquiridos para esse propósito, considerando-se o erro de orar por quem já está redimido?

84. Outra, o que é essa nova bondade de Deus e do papa na qual, por causa de dinheiro, eles permitem que um ímpio e inimigo de Deus redima a alma piedosa que ame a Deus, mas eles não redimem a mesma alma piedosa e amada por pura gratuidade, por causa da própria necessidade desta?

85. Outra, por que as leis canônicas penitenciais, há muito efetivamente abolidas e mortas em si mesmas e não usadas, ainda são resgatadas com dinheiro, pela concessão de indulgências, como se fossem cheias de vida?

86. Outra, por que o papa, cujas riquezas são maiores que a do mais rico entre os ricos, não construiu a Basílica de São Pedro com seu dinheiro, em vez de construí-la com o dinheiro dos cristãos pobres?

87. Outra, que perdão o papa concede a quem, por meio da contrição perfeita, tem direito a pleno perdão?

88. Outra, que bem maior a igreja receberia do papa se ele concedesse esse perdão, centenas de vezes por dia, a todos os fiéis, em lugar de apenas uma vez, como ele faz agora?
89. Considerando que o papa busca por suas indulgências a salvação das almas, e não dinheiro, por que ele suspendeu as indulgências e perdões concedidos no passado, sendo eles igualmente eficazes?
90. Reprimir esses escrúpulos e argumentos do povo pela força, não os resolver com argumentos, significa expor a igreja e o papa ao ridículo de seus inimigos, e tornar os cristãos homens infelizes.
91. Se as indulgências fossem pregadas de acordo com o espírito e a mentalidade do papa, todas essas questões seriam resolvidas em paz; na verdade, nem existiriam.
92. Fora com os profetas que dizem ao povo de Cristo "Paz, paz", quando não há paz.
93. Benditos sejam os profetas que dizem ao povo de Cristo "A cruz, a cruz", quando não há cruz.
94. Os cristãos devem se esforçar em seguir Cristo, seu líder em meio a dores, morte e provações do inferno.
95. E assim confiar que entrarão nos céus mediante muitas tribulações em vez de confiar em promessas de segurança de paz.

Protesto

Eu, Martinho Lutero, doutor, da Ordem dos Monges em Wittemberg, desejo testificar publicamente que certas proposições contra as indulgências pontificais, como são chamadas, foram divulgadas por mim. Todavia, até o presente momento, nem a mais celebrada e renomada escola entre nós, nem qualquer autoridade civil ou eclesiástica, me condenou, e há, eu ouço, alguns homens precipitados e de espírito audacioso que ousam me declarar herege, como se tivessem estudado profundamente a matéria. Mas da minha parte, como já fiz tantas vezes, agora também imploro a todos os homens que, pela fé de Cristo, ou me indiquem um caminho melhor, se tal caminho tiver sido divinamente revelado a alguém, ou que pelo menos submetam suas opiniões ao julgamento de Deus e da igreja. Pois não sou tão temerário a ponto de desejar que só a minha opinião seja preferida à dos demais homens, nem tão sem noção a ponto de desejar que a palavra de Deus deva dar lugar a fábulas concebidas pela razão humana.

Parte 2

Do cativeiro babilônico da igreja

Jesus

Martinho Lutero, da Ordem de Santo Agostinho,
saúda seu amigo Hermann Tulichius[1].

Pode ser que eu me veja obrigado a me tornar mais erudito a cada dia, pois vários grandes mestres competem entre si para me ensinar e repreender. Escrevi a respeito das indulgências há dois anos, mas agora me arrependo muito de ter publicado o livro. Nesse período eu ainda estava envolvido em um grande e supersticioso respeito pela tirania de Roma, o que me levou a julgar que as indulgências não deveriam ser de todo rejeitadas, vendo-as, como eu fiz, aprovadas pelo consenso entre os homens. E isso não deve causar admiração, pois eu estava sozinho a rolar a pedra. Mas depois, com a bondosa ajuda de Silvestre[2] e dos monges, que tão extremosamente apoiaram as indulgências, percebi que não eram nada, a não ser meras imposturas dos bajuladores de Roma, feitas para acabar com a fé em Deus e com o dinheiro dos homens. Desejaria ter convencido todos os vendedores de livros, e persuadido todos os que os leem, a que queimassem todos os meus

---

[1] Herman Tulichius (Tulike ou Tuliche em alemão), 1486-1540, reformador alemão. [N. do T.]
[2] Silvestre (Silvestro) Mazzolini (1456/7-1427), teólogo dominicano italiano, foi um dos primeiros eruditos católicos a atacar as doutrinas de Lutero. [N. do T.]

escritos sobre as indulgências e adotassem no lugar de tudo que escrevi a respeito a seguinte proposição: indulgências são artifícios ímpios dos bajuladores de Roma.

Depois disso, Eck e Emser, com outros conspiradores, começaram a me instruir a respeito do primado do papa. Aqui também, para não ser ingrato a esses homens eruditos, devo confessar que as obras deles me ajudaram bastante; pois, conquanto tenha eu negado que o papado tenha qualquer direito divino, admito que tenha direito humano. Mas depois de ouvir e ler as muito sutilezas desses homens pretensiosos, pelas quais eles engenhosamente estabelecem seus ídolos — e minha mente não é de todo intocável no assunto —, eu agora estou convencido de que o papado é o reino da Babilônia, e tem o poder de Ninrode, o poderoso caçador. E, para que tudo vá bem com meus amigos, suplico aos vendedores de livros, e a meus leitores, que queimem tudo que publiquei sobre o assunto e que se apeguem às seguintes proposições:

O papado é a poderosa caçada do bispo de Roma.

Isso é comprovado pelos raciocínios de Eck, de Emser — do professor de Bíblia em Leipzig.

No momento eles planejam me ensinar a respeito da comunhão em duas espécies, e em alguns outros assuntos da maior importância. Devo sofrer por não ouvir em vão os meus guias filosóficos. Certo frei italiano de Cremona escreveu uma *Revogação de Martinho Lutero à Santa Sé* — isto é, não que eu me retrate, como as palavras implicam, mas que ele me retrata. Esse é o tipo de latim que os italianos atualmente estão escrevendo. Outro frei, um alemão de Leipzig, professor de Bíblia, como você sabe, escreveu contra mim concernente ao sacramento em duas espécies, e está prestes a realizar, o que tenho ouvido, prodígios ainda maiores e mais maravilhosos. O italiano de fato ocultou com cautela seu nome, talvez alarmado pelos exemplos de Caetano e Silvestre. Mas o homem de Leipzig, como convém a um alemão impetuoso e furioso, publicou na folha de rosto, seu nome, sua vida, santidade, formação educacional, função, glória, honra, quase tudo, até o número do seu sapato. Dele eu não tenho dúvida de que não vou aprender pouca coisa, pois ele escreve uma carta dedicatória ao próprio Filho de Deus, tamanha é a familiaridade desses santos com Cristo, que reina nos céus. Em suma, três tagarelas parecem estar se dirigindo a mim: um, latino, bem; outro, grego, melhor ainda; e o terceiro, um hebreu, o melhor de todos. O que você acha que devo fazer agora, meu caro Hermann, senão cerrar meus ouvidos? A matéria está sendo tratada em Leipzig pelos Observantes da Santa Cruz.

Até o momento, tenho tolamente pensado que seria uma excelente coisa resolver isso por um Concílio Geral e que o sacramento em duas espécies fosse ministrado aos leigos. Para corrigir essa opinião, os frades mais que eruditos dizem que a comunhão em duas espécies não foi nem ordenada nem decretada a ser ministrada ao povo, nem por Cristo nem pelos apóstolos, e que, por conseguinte, a questão foi deixada ao julgamento da igreja, à qual devemos obedecer sobre o que fazer ou deixar de fazer. Assim diz ele. Você pergunta que tipo de loucura se apossou do homem, ou contra quem ele está escrevendo, pois não condeno o sacramento em uma única espécie e deixei a questão ao juízo da igreja ordenar o uso das duas espécies. E isso ele mesmo se esforça em asseverar, com o objetivo de me combater com o mesmo argumento. Replico que o tipo de argumento é bem conhecido de todos os que escrevem contra Lutero, isto é, ou afirmar o mesmo que atacam, ou estabelecer uma ficção para poderem atacá-la. Assim fizeram Silvestre, Eck,

Emser, os homens de Colônia e os de Lovaina. Se o frade tivesse se afastado dessa mentalidade deles, não teria escrito contra Lutero.

Mas a porção maior da boa sorte recaiu sobre esse homem, mais que sobre qualquer outro. Ainda que ele tenha tentado provar que o uso da comunhão em uma espécie não foi ordenado nem decretado, mas deixado à decisão da igreja, ele invoca as Escrituras para provar, pelo mandamento de Cristo, que o uso da comunhão em uma espécie foi ordenado para os leigos. É verdade que, de acordo com a nova interpretação das Escrituras, o uso da comunhão em uma única espécie não foi ordenado e ao mesmo tempo ordenado por Cristo. Você sabe como esses lógicos de Leipzig empregam esse novo tipo de argumento. Emser também, depois de ter professado, no último livro, que falaria a meu respeito de maneira justa, e depois de ter sido condenado por mim pela mais suja inveja, confessou, quando estava para me refutar no último livro, que ambas eram verdadeiras, e que ele havia escrito a meu respeito de maneira ao mesmo tempo justa e injusta? Um bom homem de fato, como você sabe!

Mas ouçamos nosso enganador advogado da comunhão em uma espécie, que pensa que a decisão da igreja e o mandamento de Cristo são a mesma coisa: e mais uma vez o mandamento de Cristo e a ausência do mandamento são a mesma coisa. Com que engenhosidade ele prova que só uma espécie pode ser dada aos leigos, pela ordem de Cristo, isto é, pela decisão da igreja! Ele o assinala com letras maiúsculas da seguinte maneira, "UMA BASE INFALÍVEL". A seguir, lida com sabedoria incrível com o sexto capítulo do evangelho de São João, no qual Cristo fala da Ceia do céu e da Ceia da vida, que é ele mesmo. O homem tão erudito não apenas aplica de forma equivocada as palavras ao sacramento do altar, mas vai além e, porque Cristo disse: "[...] 'Eu sou o pão da vida [...]' " [v. 35], não "Eu sou o cálice da vida", ele conclui que na passagem o sacramento em apenas uma espécie foi indicado para os leigos. Mas das palavras que se seguem: " 'Pois a minha carne é verdadeira comida e o meu sangue é verdadeira bebida' " [v. 55] e: "[...] '[...] Se vocês não comerem a carne do Filho do homem e não beberem o seu sangue[...]' " [v. 53] — pois é evidente que para o frei as passagens testemunham em caráter irrefutável a favor da recepção em duas espécies e contra a comunhão em uma espécie — ele se evade com muita alegria e sabedoria da seguinte maneira: "Cristo não quis dizer outra coisa com essas palavras, a não ser que aquele que recebe uma espécie recebe sob essa espécie o corpo e o sangue". Ele apresenta o raciocínio como base infalível de uma estrutura tão digna de reverência santa e celestial.

Aprenda agora comigo, desse homem, que, no sexto capítulo de São João, Cristo ordena a recepção em uma espécie, mas de uma maneira que esse mandamento significa deixar a questão para decisão da igreja; e mais que isso, que Cristo no mesmo capítulo fala apenas dos leigos, não dos presbíteros. Pois para nós o pão vivo veio do céu, isto é, o sacramento em uma espécie, não pertence ao céu, mas o pão da morte que veio do inferno. E o que deve ser feito com os diáconos e subdiáconos? Como eles não são nem leigos nem sacerdotes, não devem, conforme a distinta autoridade, ter o sacramento nem em uma nem em duas espécies. Compreende, meu caro Tulichius, a maneira nova e observante de lidar com as Escrituras. Mas você também deve aprender que Cristo, no sexto capítulo de São João, fala do sacramento da eucaristia, ainda que ele mesmo nos ensine que fala da fé na Palavra encarnada, ao dizer: "[...] 'A obra de Deus é esta: crer naquele que ele enviou' " [v. 29].

Mas o professor de Bíblia de Leipzig pode provar o que quiser com base na passagem bíblica que quiser. Pois ele é um anaxagórico, isto é, um teólogo aristotélico, para quem nomes e palavras quando transpostos significam a mesma coisa e tudo. Em todo o seu livro, ele ajunta o testemunho das Escrituras que, se deseja demonstrar que Cristo está no sacramento, se aventura a dizer: "A lição do livro de Apocalipse do bem-aventurado João". E, tão convenientemente quanto possível, ele diz e pensa tudo, como um homem sábio, para adornar seus delírios pelo número de passagens que cita.

Desprezo o restante, para que eu não venha a matar você com a escória do esgoto tão ofensivo. Ele por fim apresenta Paulo (1Coríntios 11), que diz ter recebido do Senhor e entregou aos coríntios o uso do pão e do cálice. Mais uma vez, como em nenhum outro lugar, nosso advogado do sacramento em uma espécie usa as Escrituras de modo admirável e ensina que na passagem Paulo permitiu — não "entregou" — o uso das duas espécies. Você pergunta como ele o prova? Da cabeça dele mesmo, como no caso do sexto capítulo de João, pois isso não dá razão para o professor dizer o que diz, pois ele é um daqueles cujas provas e ensinos vêm das próprias visões. Aqui somos ensinados que o apóstolo na passagem não escreveu a toda a igreja de Corinto, mas apenas aos leigos, e que, portanto, não deu permissão aos sacerdotes, mas que eles fossem privados do sacramento todo, e a seguir, que por uma nova regra de gramática: "Pois recebi do Senhor o que também entreguei a vocês" [1Coríntios 11.23], passou a significar o mesmo que: "Isso foi permitido pelo Senhor", e "eu lhes entreguei" passou a significar o mesmo que "eu lhes dei permissão". Peço que o observe com atenção. Pois se segue que não apenas a igreja, mas qualquer indivíduo sem valor em qualquer lugar se sentirá livre, sob o ensino desse mestre, para transformar em licenciosidade todo o corpo de mandamentos, instituições e ordenanças de Cristo e dos apóstolos.

Vejo que o homem está possuído por um anjo de Satanás, e quem age em conluio com ele quer obter fama no mundo por meu intermédio, como dignos de contender com Lutero. Mas a esperança deles será desapontada e, em meu desprezo, os deixarei para sempre no anonimato e me contentarei com esta única resposta a todo o conjunto dos livros deles. Oro para que Cristo em sua misericórdia os traga de volta à mente sadia. Se eles não forem dignos, oro então para que parem de escrever livros, e que os inimigos da verdade não tenham permissão de ler quaisquer outros. É um ditado comum e verdadeiro: "Isto eu tenho como certo, que se luto de maneira suja, venha eu a vencer ou perder, com certeza estarei sujo". A seguir, como vejo que eles têm muito papel e muito tempo livre, vou providenciar para que tenham muito material para escrever a respeito, e me manterei adiante deles, para que enquanto eles, no orgulho da vitória, triunfem sobre alguma heresia da minha parte, como eles pensam, na verdade eu serei vitorioso. Pois também estou desejoso de que os ilustres líderes em guerra sejam adornados com muitos títulos de honra. Assim, enquanto reclamam que eu aprovo a comunhão em duas espécies, e são bem-sucedidos no envolvimento com esse assunto tão importante, tão digno deles, vou além, e me esforçarei para demonstrar que todos os que negam aos leigos a comunhão em duas espécies agem com impiedade. Para fazê-lo de maneira mais conveniente, escreverei um primeiro ensaio sobre a servidão da Igreja de Roma, com a intenção de dizer muito mais em tempo oportuno, quando os mui letrados papistas poderão obter o melhor deste livro.

Faço-o para que nenhum leitor piedoso que possa encontrar meu livro se desgoste com a questão difícil com a qual lidei, e tenho razão para reclamar que ele não encontra nada para ler e cultivar ou instruir sua mente, ou pelo menos dar motivo para reflexão instrutiva. Você sabe quão insatisfeitos meus amigos estão por eu me ocupar com as miseráveis deturpações desses homens. Eles dizem que a simples leitura dos livros deles significa a ampla refutação dos mesmos, mas penso que eles estão procurando coisas melhores, que Satanás tenta ocultar por meio deles. Estou determinado a seguir o conselho dos meus amigos e a deixar a questão de combater e investir contra essas vespas.

Do frade italiano de Cremona, não vou falar mais. Ele é um homem simples e iletrado, que se esforça para me trazer de volta à Santa Sé com algumas cordas retóricas, da qual não estou consciente de ter me retirado, nem ninguém já provou que eu o tenha feito. Seu principal argumento em algumas passagens ridículas é que devo ser movido por causa da minha profissão e da transferência do poder imperial aos alemães. Ele parece de fato não querer dizer muito para pressionar meu retorno, e mais a escrever os louvores dos franceses e do pontífice romano, e ele deve ter permissão de testificar seu espírito servil a eles mediante sua pequena obra, como ela é. Ele não merece ser tratado com rigor, pois não parece ter agido por malícia, nem para ser refutado de maneira erudita, mas por pura ignorância e inexperiência ele brinca com o assunto.

Para começar, devo negar a existência de sete sacramentos e deixar claro por enquanto que há apenas três — o batismo, a penitência e a ceia —, e que pela corte de Roma todos eles foram trazidos à miserável servidão, e a igreja foi despojada de toda a liberdade. E, se for para falar de acordo com o uso das Escrituras, devo sustentar apenas um sacramento e três sinais sacramentais. Em tempo oportuno falarei a respeito com mais profundidade, mas agora vou tocar no sacramento da ceia, o primeiro de todos os sacramentos.

Devo relatar então meu progresso resultante das meditações no ministério desse sacramento. Quando publiquei um discurso sobre a eucaristia, eu ainda estava envolvido com o costume tradicional e não me preocupei se o poder do papa estava certo ou errado. Mas agora que fui chamado e me envolvi em uma disputa, isto é, agora que fui puxado à força para essa arena, vou falar livremente o que penso. Que todos os papistas riam ou lamentem a meu respeito.

Em primeiro lugar, o capítulo 6 de João deve ser deixado de lado, por não dizer uma única sílaba a respeito do sacramento, não apenas porque ele ainda não havia sido instituído, mas muito mais porque a própria sequência do discurso e de suas declarações mostra com clareza o que Cristo estava falando — como já afirmei — a respeito da fé no Verbo encarnado. Pois ele diz: " '[...] As palavras que eu disse são espírito e vida' " [João 6.63], demonstrando falar da nutrição espiritual, pois, aquele que come, vive, mas os judeus entenderam que ele falava da nutrição carnal, e assim surgiu a discussão. No entanto, não é o comer que concede vida, exceto o comer da fé, pois esta é a verdadeira nutrição espiritual e viva, como Agostinho disse: "Por que você prepara seu estômago e seus dentes? Creia, e coma". O comer sacramental não concede vida, pois muitos comem de forma indigna, de modo que Cristo não pode ser entendido como tendo falado do sacramento na passagem.

Sem dúvida, alguns aplicaram essas palavras de modo errado, como fez o escritor das decretais algum tempo atrás, e muitos outros. Mas uma coisa é aplicar as Escrituras de modo errado, e outra é tirar delas o sentido legítimo; de outra forma, quando Cristo disse:

"[...] '[...] Se vocês não comerem a carne do Filho do homem e não beberem o seu sangue, não terão vida em si mesmos' " [v. 53], ele estaria condenando todas as crianças, todos os doentes, todos os ausentes e todos os impedidos, de alguma maneira, de participar da refeição sacramental, sem importar o tamanho da fé de todos eles, se nessas palavras ele tivesse se referido ao comer sacramental. Então Agostinho, no segundo livro contra Juliano, prova com base em Inocêncio que mesmo as crianças, sem receber o sacramento, comem a carne e bebem o sangue de Cristo, isto é, participam da mesma fé, com a igreja. Que isto esteja claro para todos, que o capítulo 6 de João não tem ligação com a questão. Por isso escrevi que os boêmios não poderiam depender da passagem na defesa que fazem da recepção do sacramento em duas espécies.

Sobre a ceia do Senhor

Há duas passagens que tratam de maneira mais clara do tema, para as quais olharemos — as declarações nos Evangelhos referentes à ceia do Senhor e as palavras de Paulo (1Coríntios 11). Mateus, Marcos e Lucas concordam que Cristo concedeu todo o sacramento aos discípulos, e o fato de Paulo ter ensinado ambas as partes do sacramento é algo tão certo que até agora ninguém teve a coragem de afirmar o contrário. Além disso, de acordo com o relato de Mateus, Cristo não disse a respeito do pão: "Comam dele todos", mas disse com respeito ao cálice: "[...] 'Bebam dele todos vocês' " [26.27]. Marcos também não diz: "Todos eles comeram", mas: "[...] todos beberam" [14.23]. Cada escritor adiciona a marca da universalidade ao cálice, não ao pão, como se o Espírito previsse o cisma que viria, e que por esse cisma alguns seriam proibidos da comunhão no cálice que Cristo tinha em comum com todos. Com que fúria eles teriam esbravejado contra nós, se tivessem encontrado a palavra "todos" aplicada ao pão, não ao cálice. Eles não nos teriam deixado nem um meio de escape, clamariam contra nós, nos declarariam hereges e nos condenariam como cismáticos. Todavia, quando a palavra está do nosso lado e contra eles, os homens de livre vontade se permitem não serem guiados por nenhuma das leis da lógica, enquanto mudam, e mudam de novo, e lançam em confusão completa as coisas de Deus.

Suponha, no entanto, que eu esteja do outro lado e questione meus senhores, os papistas. Na ceia do Senhor, todo o sacramento, ou o sacramento em duas espécies, foi dado ou apenas aos presbíteros, ou ao mesmo tempo aos leigos. Se só aos presbíteros (como eles querem), então não é sábio nem legítimo que qualquer espécie seja dada aos leigos, pois o sacramento não deve ser dado com imprudência a qualquer um, a quem Cristo não deu quando o instituiu. Se permitirmos que uma das instituições de Cristo seja mudada, tornamos sem efeito todo o corpo de suas leis, e qualquer um pode se aventurar a dizer que não tem de seguir nenhuma lei ou instituição de Cristo. Pois uma exceção especial acaba com toda e qualquer declaração geral quando se lida com as Escrituras. Contudo, se o sacramento foi concedido igualmente aos leigos, conclui-se de forma inevitável que a recepção em duas espécies não deve ser negada aos leigos, e ao negar-lhes quando eles o veem nós agimos de maneira ímpia e contrária aos atos, ao exemplo e à instituição de Cristo.

Confesso a incapacidade de resistir a esse raciocínio, e não li, nem ouvi ou descobri qualquer coisa a ser dita do outro lado, enquanto as palavras e o exemplo de Cristo permanecem inabaláveis, pois ele disse — não como permissão, mas como mandamento: "[...] 'Bebam dele todos vocês'" [Mateus 26.27; v. tb. Marcos 14.23]. Pois se todos devem beber dele, e isso não deve ser entendido como tendo sido dito apenas para os presbíteros, então com certeza é um ato ímpio excluir os leigos do sacramento quando eles o buscam, mesmo que um anjo vindo do céu o fizesse. Pois o que eles dizem sobre o sacramento ser deixado à decisão da igreja, sobre que tipo deveria ser administrado, é dito sem base racional, é algo alegado sem autoridade, e pode facilmente ser condenado, e esse argumento não prevalece contra o adversário que se opõe à palavra e aos atos de Cristo, cujo poder precisa ser retornado com a palavra de Cristo, e isso nós não temos do nosso lado.

Mas, se qualquer das espécies for negada aos leigos, então pela mesma decisão da igreja uma parte do batismo ou da penitência deve ser retirada deles, pois em cada caso a razão da matéria e do poder são iguais. Portanto, o todo do batismo e da absolvição devem ser concedidos a todos os leigos; assim, todo o sacramento da ceia também deve ser concedido, se eles o buscam. Mas eu me admiro da asseveração de sua ilegalidade, sob pena de pecado mortal se os presbíteros receberem apenas uma espécie na missa, e isso, por nenhuma outra razão além (como afirmam unânimes) de que as duas espécies formam um sacramento pleno e indivisível. Que eles me digam então por que é legal dividi-lo no caso dos leigos, e por que apenas eles não podem ter todo o sacramento. Não admitem, como eles mesmos demonstram, que qualquer uma das duas espécies que seja concedida aos leigos, ou que não é legal que um sacramento seja entregue a eles apenas em uma espécie? Como pode então uma espécie ser o sacramento todo no caso dos leigos, mas não no caso dos presbíteros? Por que eles se vangloriam da decisão da igreja e do poder do papa na questão? As palavras de Deus e os testemunhos da verdade não podem ser jogados fora desse jeito.

Segue-se que, caso a igreja possa tomar uma espécie dos leigos, o vinho, ela também pode tomar a outra espécie, o pão, e assim tomar dos leigos todo o sacramento do altar, e privar a instituição de Cristo de todo o efeito. Mas, pergunto eu, com que autoridade? Se ela não pode tomar o pão, ou as duas espécies, então não pode tomar o vinho. E nem um argumento quanto a isso ser levado contra um oponente, desde que a igreja deva necessariamente ter o mesmo poder com respeito a qualquer das espécies; se ela não tem esse poder com respeito às duas espécies, ela não o tem em relação a nenhuma das duas. Gostaria de ouvir o que os bajuladores de Roma têm a dizer a respeito.

No entanto, o que mais me atinge, e mais me convence, é a palavra de Cristo: " 'Isto é o meu sangue [...] que é derramado em favor de muitos, para perdão de pecados' " [Mateus 26.28]. Aqui você vê com muita clareza que o sangue é dado a todos por cujos pecados ele foi derramado. Quem ousará dizer que não foi derramado pelos leigos? Não percebem que quem diz é quem dá o cálice? Ele não o dá a todos? Ele não diz que foi derramado por todos? "[...] '[...] em favor de vocês' ", diz ele [Lucas 22.20]. Imaginemos que eles fossem sacerdotes. " '[...] em favor de muitos [...]' ", continua ele. Estes não podem ser sacerdotes; e ele diz: " 'Bebam dele todos vocês' ". Eu poderia brincar com facilidade quanto a isso e pelas minhas palavras transformar as palavras de Cristo em zombaria, como o meu oponente brincalhão faz. Todavia, os que se baseiam nas Escrituras ao argumentar contra nós devem ser refutados pelas Escrituras. Essas são as razões pelas quais não condenei os boêmios que, sejam homens bons ou maus, certamente têm as palavras de Cristo do lado deles, enquanto nós não as temos, mas apenas aquele artifício fútil dos homens: "A igreja ordenou que fosse assim", mas não foi a igreja, antes os tiranos das igrejas, sem consentimento da igreja, que é o povo de Deus, que ordenaram desse jeito.

Mas onde, pergunto, está a necessidade, a obrigação religiosa, a vantagem, de negar aos leigos a recepção do sacramento em duas espécies, que é o sinal visível, quando todos os homens lhes concedem a realidade do sacramento sem o sinal? Se eles concedem a realidade, que é maior, por que não concedem o sinal, que é menor? Pois em cada sacramento o sinal, por ser sinal, é incomparavelmente menor que a própria realidade. Assim, pergunto, o que deve impedir que o menor seja concedido, quando o maior o é; a não ser, é o que me parece, que isso tenha acontecido por permissão de Deus em sua ira, para constituir um motivo de cisma na igreja, e para mostrar que, tendo há muito tempo perdido a realidade do sacramento, lutamos por causa do sinal, o que é menor, contra a realidade, maior e mais importante, como se algumas pessoas lutassem por causa das cerimônias contra a caridade. A perversão monstruosa parece ter começado ao mesmo tempo que iniciamos nossa loucura a considerar a fé cristã como nada por causa das riquezas mundanas, para que Deus pudesse mostrar a prova terrível do que pensamos ser sinais de maior consequência que as realidades. Que perversidade seria se você concordasse que a fé do batismo é concedida a alguém que busca o batismo, mas é negada a quem busca o sinal da própria fé, isto é, a água.

Acima de tudo permanecem as irrefutáveis palavras de Paulo, que deveriam calar a boca de todos: "Pois recebi do Senhor o que também entreguei a vocês [...]" [1Coríntios 11.23]. Ele não diz, como aquele frei falsamente assevera, da cabeça dele mesmo: "Eu dou permissão a vocês". Nem é verdade que ele concedeu aos coríntios a recepção do sacramento em duas espécies por causa das brigas entre eles. Em primeiro lugar, como o próprio texto mostra, o conflito não surgiu por causa da recepção do sacramento em duas espécies, mas a respeito do desprezo dos ricos e da inveja dos pobres, o que está claro no texto, que diz: "[...] enquanto um fica com fome, outro se embriaga" [1Coríntios 11.21] e que eles "humilham os que nada têm" [v. 22]. Então ele não está falando do que entregou como se fosse a primeira vez. Ele não diz: "Eu recebi do Senhor e entreguei a vocês", mas "recebi do Senhor o que também entreguei a vocês" [v. 23], isto é, no começo da pregação, muito antes do começo da disputa, com o significado de que ele lhes dera a recepção do sacramento nas duas espécies. A "entrega" significa "regozijo", e ele usa a mesma palavra em outro lugar. Então a nuvem de testemunhas de afirmação que o frei reúne, mas sem as Escrituras, sem a razão e sem motivo, não adianta nada. Seus oponentes não lhe perguntam sobre seus sonhos, mas qual o juízo das Escrituras quanto a esses pontos, e ele não pode produzir nem um til em defesa de seus sonhos, enquanto eles podem produzir muitos trovões em defesa de sua crença.

Levantem-se então à uma, todos vocês, bajuladores do papa, sejam ativos, defendam-se das acusações de impiedade, tirania e traição do Evangelho, e das calúnias dos seus irmãos, vocês que proclamam como hereges todos os que não aprovam os sonhos de sua cabeça, em oposição às Escrituras. Se alguém deve ser chamado herege, não são os boêmios nem os gregos,[1] pois eles defendem suas posições com o Evangelho, mas vocês, romanos, são os hereges e cismáticos ímpios, vocês que presumem com base apenas em suas fantasias, contra o ensino claro das Escrituras de Deus.

Mas o que pode ser mais ridículo, ou mais digno da cabeça do frei, que dizer que o apóstolo o escreveu e concedeu a permissão a uma igreja particular, a de Corinto, não à igreja em todo o mundo? Como ele o prova? Do seu depósito costumeiro — a própria cabeça. Quando a igreja em todo o mundo toma a epístola como dirigida a si mesma, e assim a lê e a segue em todos os sentidos, por que não nessa parte? Se admitimos que qualquer epístola de Paulo, ou uma passagem em qualquer epístola, não se dirige a

---

[1] Lutero usa o termo "gregos" para se referir à Igreja ortodoxa oriental, separada de Roma desde o ano 1054. [N. do T.]

toda a igreja, em toda parte, nós acabamos com toda a autoridade dele. Os coríntios poderiam dizer que o que ele ensinou a respeito da fé quando escreveu aos romanos não era do interesse deles. O que poderia ser mais blasfemo ou mais louco que essa ideia tresloucada? Longe de nós imaginar a existência de um til em todos os escritos de Paulo que todo o conjunto da igreja, em toda parte, não deva imitar e guardar. Não falo dos pais [apostólicos] nem de qualquer um até nossos tempos perigosos, a respeito dos quais Paulo predisse que haveria blasfemadores, homens cegos e sem razão, dos quais o frei é um, ou talvez até mesmo o principal.

Mas consideremos essa afirmação insuportavelmente louca. Se Paulo desse permissão a uma igreja particular, então, em sua própria demonstração, os gregos e boêmios estavam agindo certo, pois eles são igrejas particulares e, portanto, não agem contra os ensinos de Paulo, que pelo menos deu-lhes permissão. Além disso, Paulo não dispunha de poder para permitir nada contrário à instituição de Cristo. Portanto, por causa dos gregos e dos boêmios, eu apresento os ditos de Cristo e de Paulo contra você, Roma, e contra todos os seus bajuladores, e você não tem poder para mudar nem um fio de cabelo dessas coisas, muito menos de acusar os outros de heresia, porque eles desconsideram suas pretensões pretensiosas. Você merece ser acusada de impiedade e tirania.

Também lemos as palavras de Cipriano, que por si mesmo são poderosas o bastante para combater todos os romanistas, e que testifica em seu discurso concernente aos caídos, no quinto livro, que era costume que na igreja a comunhão em duas espécies fosse administrada aos leigos, e até mesmo às crianças; sim, o corpo do Senhor foi entregue em suas mãos, como ele demonstra por meio de muitos exemplos. Entre outras coisas, ele reprova alguns do povo:

"E porque ele não recebe o corpo do Senhor com mãos impuras, ou bebe o sangue do Senhor com mãos sujas, está furioso com os sacerdotes sacrílegos".

Ele relata no mesmo texto um incidente ocorrido diante dos seus olhos, quando diz com todas as letras que um diácono deu o cálice a uma menina, e quando a criança o provou o sangue do Senhor escorreu por sua boca. Lemos o mesmo sobre São Donato, de cujo cálice quebrado esse bajulador miserável tão tolamente tenta se livrar. "Eu leio", diz ele, "que o pão foi partido, eu não leio que o sangue foi dado". Que maravilha que aquele que descobre nas Santas Escrituras o que quer descobrir também deva ler nas narrativas históricas o que quer ler! Mas pode ele estabelecer assim o poder da igreja em decidir, ou pode ele refutar os hereges? Mas já falei o bastante sobre esse assunto; pois não iniciei o tratado para responder sobre quem é indigno de resposta, mas para descortinar a verdade da questão.

Concluo então que negar aos leigos a recepção do sacramento nas duas espécies é um ato de impiedade e tirania, algo que não está no poder de nenhum anjo, muito menos do papa ou de qualquer concílio. Também não me importo com o Concílio de Constança, pois, se é para que sua autoridade prevaleça, por que também não a do Concílio de Basileia, que decretou que os boêmios podem receber a comunhão em duas espécies? Eles chegaram a essa conclusão depois de muita discussão, como demonstram os registros e documentos do concílio. O fato foi trazido por aquele bajulador ignorante, na tentativa de defender seus delírios, o que mostra com que sabedoria ele lida com a questão.

Assim, a primeira servidão do sacramento diz respeito à substância ou completitude, que a tirania de Roma tirou de nós.

Não que pequem contra Cristo os que celebram o sacramento em apenas uma espécie, pois Cristo não ordenou o uso de nenhuma delas, mas o deixou à escolha de cada indivíduo, quando disse: "Façam isso sempre que se reunirem em memória de mim". Mas pecam os que proíbem a distribuição das duas espécies aos que desejam usar da liberdade de escolha, e no caso a falta não é dos leigos, mas dos sacerdotes. O sacramento não pertence aos sacerdotes, mas a todos; nem os sacerdotes são senhores, mas servos, cujo dever é dar as duas espécies aos que os buscam, sempre que buscarem. Se eles usurparam o direito dos leigos, negando-o, são tiranos, e os leigos estão livres de culpa, quer fiquem sem uma espécie, quer sem ambas, pois são salvos pela fé e pelo desejo de ter o sacramento completo. Então os ministros estão também obrigados a conceder o batismo e a absolvição a quem os busca; se eles não os dão, os que buscam têm todo o mérito da própria fé, enquanto eles serão acusados diante de Cristo como servos ímpios. Os antigos pais do deserto passaram muito tempo sem comungar, seja em uma espécie, seja nas duas espécies.

Por conseguinte, não advogo a tomada pela força das duas espécies, como se fôssemos obrigados a recebê-las, mas instruo a consciência: todos podem resistir à tirania de Roma, sabendo de sua privação à força do seu direito por causa dos pecados dela. Tenho apenas isto: ninguém deve justificar a tirania de Roma, como se ela tivesse feito certo ao negar uma espécie aos leigos, mas deveríamos abominá-la, e retirar nosso consentimento, ainda que possamos suportá-lo, como se estivéssemos em servidão aos turcos, como se não tivéssemos liberdade de usar qualquer espécie. Por essa razão, digo: em minha opinião, seria ótimo que a servidão fosse desfeita pelo decreto de um concílio geral, e que a liberdade cristã nos fosse restaurada das mãos do tirano de Roma, e que cada homem tivesse liberdade de escolha quanto a buscar o sacramento e dele participar, como ocorre com o batismo e a penitência. Mas, pela mesma tirania, ele obriga uma espécie a ser recebida ano a ano, tão rara é a liberdade que Cristo nos dá, e tais os desertos da nossa ingratidão ímpia.

A outra servidão do mesmo sacramento é mais moderada, no que diz respeito à consciência, mas é de longe a mais perigosa de lidar, muito mais de condenar. Neste ponto, serei seguidor de Wycliffe, e serei chamado herege 600 vezes. E daí? Desde que o bispo de Roma deixou de ser bispo para ser tirano, não temo nenhum dos seus decretos, pois sei que nem ele nem mesmo um concílio geral têm poder de estabelecer novos artigos de fé.

Antigamente, quando eu absorvia a teologia escolástica, meu senhor, o cardeal de Cambraia, me deu ocasião para reflexão, arguindo de maneira muito precisa, no quarto livro das *Sentenças*, que seria muito mais provável, e que poucos milagres supérfluos teriam sido introduzidos, se verdadeiro pão e verdadeiro vinho, não apenas seus acidentes,[2] fossem entendidos estando sob o altar, a não ser que a igreja tivesse determinado o contrário. Depois disso, quando vi o que a igreja era, o que tinha sido determinado, a igreja tomista, isto é, aristotélica, tornei-me mais ousado e, no ponto em que antes sentia grande angústia de dúvida, agora

---

[2] As palavras "substância" e "acidente", mencionadas por Lutero, são termos técnicos da filosofia de Aristóteles, mais tarde utilizados por Tomás de Aquino, a quem Lutero criticou. "Acidente" refere-se ao aspecto exterior, visível, perceptível aos sentidos, enquanto "substância" é a essência de algo. Assim, a teologia eucarística católica, recorrendo a conceitos aristotélicos, entende que na ceia do Senhor, os acidentes — o pão e o vinho — ocultam a verdadeira substância, mudada no verdadeiro corpo e sangue de Cristo (daí a palavra "transubstanciação"), algo criticado por Lutero. [N. do T.]

tenho a consciência estabelecida de acordo com a opinião antiga, isto é, que havia pão e vinho verdadeiros, nos quais estavam a carne e o sangue reais de Cristo, de nenhuma outra maneira e em nenhum grau menor que os que pensam diferentemente asseguram estar sob os acidentes. E isso eu fiz porque vi que a opinião dos tomistas, aprovada pelo papa ou por um concílio, permanece opinião, e não se torna artigo de fé, mesmo que um anjo do céu decretasse de outro modo. Pois o que se afirma sem o apoio das Escrituras, ou de uma revelação aprovada, é permitido enquanto opinião, mas não como matéria de fé. E essa opinião de Tomás é tão vaga, tão sem base nas Escrituras ou na razão, que me parece que ele não conhecia filosofia nem lógica. Pois Aristóteles fala de acidentes e sujeitos de maneira muito diferente de São Tomás, e me parece que devemos sentir pena de um homem tão importante, quando o vemos se esforçando não só para extrair opiniões em matéria de fé de Aristóteles, mas para baseá-las em uma autoridade da qual ele não entende; uma estrutura muito infeliz edificada sobre uma base muito infeliz.

Admito que qualquer um pode escolher a opinião que quiser. Minha única objeção no momento é remover escrúpulos de consciência, para que ninguém se sinta culpado de heresia, se acredita que pão e vinho reais estão presentes no altar. Que quem pensa assim saiba que tem liberdade de imaginar, pensar ou crer sem perigo para a salvação, pois nesse caso não há necessidade de fé. Em primeiro lugar, não ouvirei nem terei a menor consideração por quem diz que a doutrina é de Wycliffe ou Hus, e que se trata de uma doutrina herética ou oposta às decisões da igreja. Ninguém o fará, a não ser aqueles a quem convenci de heresia, e de muitas maneiras, como por exemplo, na questão das indulgências, do livre-arbítrio e da graça divina, das boas obras e do pecado. Se Wycliffe alguma vez foi herege, eles são dez vezes mais, e é excelente coisa ser acusado por hereges e sofistas perversos, pois lhes agradar seria o máximo da impiedade. Além do mais, eles não podem apresentar nenhuma prova de suas opiniões, nem conseguem contradizer as que lhes são contrárias só ao dizer: "Isso é de Wycliffe, isso é de Hus, isso é herético". Esse argumento fraco, e nenhum outro, está sempre na ponta da língua deles, e, se você pergunta pela autoridade das Escrituras, eles dizem: "Eis nossa opinião, a igreja decidiu assim". Homens réprobos quanto à fé e indignos de crédito ousam nos propor suas fantasias como se fossem artigos de fé, sob a autoridade da igreja.

Mas há muito mais a ser dito sobre minha opinião; em primeiro lugar, o seguinte: nenhuma violência deve ser cometida contra a palavra de Deus, por homens ou anjos, mas que, tanto quanto possível, ela deve ser mantida no sentido mais simples, e não deve ser entendida fora do sentido gramatical próprio, a não ser que circunstâncias nos obriguem a fazer de outro modo, para não darmos aos adversários nenhuma oportunidade de evasão do ensino das Escrituras. Por isso as ideias de Orígenes foram rejeitadas com correção; ele rejeitou o sentido gramatical simples e transformou as árvores e tudo mais que havia no paraíso em alegorias, a tal ponto que se poderia inferir que as árvores não foram criadas por Deus. No caso atual, os evangelistas escrevem com clareza que Cristo tomou o pão e o abençoou, e, como o livro de Atos e o apóstolo Paulo chamam de pão, entender por isso pão e vinho reais, como o cálice foi real. Pois esses homens não dizem que o cálice é transubstanciado. Considerando-se então a não necessidade de afirmar que a transubstanciação é efetuada pela operação do poder divino, a opinião deve ser entendida como imaginação humana, sem base nas Escrituras e na razão. Isso nos força a um novo e absurdo abuso das palavras, a saber, usar a palavra "pão" com o significado da forma ou dos acidentes do pão, e vinho como a forma ou os acidentes do vinho. Por que eles não tomam todas as outras coisas como formas ou acidentes? Mesmo que tudo o mais fosse consistente com a ideia, não seria legítimo debilitar a palavra de Deus e privá-la com tanta injustiça de seu significado.

Mas a igreja conservou a fé verdadeira por mais de 12 séculos, e nem os pais jamais fizeram menção de transubstanciação (palavra portentosa, mas que na verdade é um sonho) até que a falsificada filosofia aristotélica começou a fazer suas incursões. Nos últimos trezentos anos, nos quais se chegou a muitas outras conclusões errôneas, tais como: que a essência divina não é nem gerada nem gera, que a alma é a forma substancial do corpo humano, e outras afirmações parecidas, que são feitas absolutamente sem razão e sem motivo, como o próprio cardeal de Cambraia confessa.

Eles dirão talvez que estaremos em perigo de idolatria se não admitirmos que o pão e o vinho não estão presentes. Isso é verdadeiramente ridículo, pois os leigos nunca aprenderam a sutil distinção filosófica entre substância e acidentes; se fossem ensinados, teriam aprendido, e há o mesmo perigo se mantivermos os acidentes, que eles veem, como no caso da substância, que eles não veem. Pois se eles não adoram os acidentes, mas Cristo oculto sob eles, por que adorariam a substância que não veem?

Mas por que Cristo não seria capaz de incluir seu corpo no interior da substância do pão, bem como no interior dos acidentes? Fogo e ferro, duas substâncias diferentes, estão tão misturados no ferro em brasa que cada uma de suas partes é ao mesmo tempo fogo e ferro. Por que o glorioso corpo de Cristo não estaria muito mais em cada parte da substância do pão?

As 95 teses e a essência da igreja

Acreditamos que Cristo nasceu do inviolável útero de sua mãe. Nesse caso também devemos dizer que a carne da Virgem foi por um tempo aniquilada; ou, como eles expressam de maneira mais adequada, transubstanciada, de modo que Cristo foi envolvido em seus acidentes e veio à existência por meio dos acidentes. O mesmo terá que ser dito com respeito à porta fechada e à entrada fechada do túmulo, através dos quais ele entrou sem lhes causar dano.[3] Mas eis que daí brotou uma filosofia confusa como uma Babilônia a respeito da quantidade contínua, distinta da substância, e as coisas chegaram a tal ponto que eles não sabem mais o que são acidentes e o que é substância. Pois quem já provou que calor, frio, luz, peso e forma são acidentes? Por fim eles foram levados a fingir que Deus cria uma nova substância adicional aos acidentes que estão no altar, por causa do dito de Aristóteles de que a essência de um acidente é estar *em* algo, e foram levados a uma infinidade de monstruosas ideias, das quais todos estariam livres se apenas deixassem que o pão sobre o altar fosse pão de verdade. Regozijo-me muito que pelo menos alguns dentre o povo comum permanecem com a fé simples no sacramento. Eles não entendem nem argumentam se nele há acidentes ou substância, mas creem com fé simples que o corpo e o sangue de Cristo estão de verdade contidos nele, deixando aos homens com tempo livre a tarefa de argumentar sobre o que o sacramento contém.

Mas talvez eles dirão: fomos ensinados por Aristóteles que devemos tomar o sujeito e o predicado da proposição afirmativa com o mesmo significado, ou, para citar as palavras do próprio monstro no sexto livro de sua *Metafísica*: "A proposição afirmativa

---

[3] Lutero se refere ao episódio narrado em João 20.19. [N. do T.]

requer a composição dos extremos", que eles explicam como significando a mesma coisa. Então, nas palavras "Isto é o meu corpo", eles dizem que não podemos tomar o sujeito para significar o pão, mas o corpo de Cristo.

Que diremos quanto a isso? Enquanto fazemos de Aristóteles e dos ensinos humanos os censores das questões divinas e sublimes, por que eles não lançam fora essas inquirições curiosas? Por que não se apegam apenas às palavras de Cristo, desejosos de ser ignorantes quanto ao que é feito no sacramento, e contentes em saber que o real corpo de Cristo está presente nele por sua virtude, nas palavras da consagração? É necessário compreender o modo do agir divino?

Mas o que eles dizem a Aristóteles, que aplica o termo "sujeito" a todas as categorias de acidentes, ainda que ele tome a substância como o primeiro sujeito? Dessa maneira, na opinião dele, "este branco", "este grande", "este alguma coisa" são sujeitos, porque alguma coisa lhes é predicado. Sendo verdade, e se é necessário apresentar a doutrina da transubstanciação para que não se afirme que o pão é o corpo de Cristo, por que, pergunto eu, também não é apresentada uma doutrina da transacidentação, para que não se afirme de um acidente que ele é o corpo de Cristo? Pois o mesmo perigo permanece, se consideramos "esta coisa branca" ou "esta coisa circular" como sujeito. Qualquer que seja o princípio sobre o qual a transubstanciação é ensinada, a transacidentação deveria ser ensinada também, com base nos dois termos da proposição, como alegado, significando a mesma coisa.

Todavia, se por um esforço mais alto de entendimento você faz abstração do acidente, e se recusa a considerá-lo como significado pelo sujeito ao dizer "Isto é o meu corpo", por que você não pode facilmente se elevar acima da substância do pão, e se recusar a deixar que ele seja entendido como significado pelo sujeito, para que em "este é o meu corpo" seja verdade na substância não menos que no acidente? Considerando em especial que essa é uma obra do poder divino, que pode operar na mesma extensão e da mesma maneira na substância, do modo que faz no acidente.

Mas, para não filosofar muito, Cristo não parece se preocupar muito com essas curiosas inquirições, quando a respeito do vinho não disse *"Hoc est sanguis meus"*, mas *"Hic est sanguis meus"*. Ele fala ainda com mais clareza quando menciona o cálice, dizendo: "[...] 'Este cálice é a nova aliança no meu sangue [...]'" (1Coríntios 11.25). Não parece que ele tenha tido intenção de nos manter nos limites da fé simples, para crer que seu sangue está no cálice? Se, da minha parte, não posso entender como o pão pode ser o corpo de Cristo, trarei meu entendimento cativo à obediência de Cristo, e crerei com firmeza, em simples adesão à sua palavra, não apenas que o corpo de Cristo está no pão, mas que o pão é o corpo de Cristo. Para tanto, manterei suas palavras, quando está dito que "Jesus [...] tomou o pão [isto é, este pão, que ele tomou e partiu] e, tendo dado graças, partiu-o e disse: 'Isto é o meu corpo'". Paulo também não disse: "O pão que partimos é a participação no corpo de Cristo"? [V. 1Coríntios 10.16]. Ele não diz que a comunhão está no pão, mas que o pão em si é a comunhão do corpo de Cristo. E daí se a filosofia não entende isso? O Espírito Santo é maior que Aristóteles. A filosofia entende pelo menos a transubstanciação da qual os homens falam, vendo que eles mesmos confessam que toda a filosofia se rompe nesse ponto? A razão pela qual, em grego e em latim, o pronome "isto" refere-se ao corpo é que os gêneros são iguais, mas em hebraico, em que não há o gênero neutro, ele se refere ao pão, para que assim possamos dizer:

"Este [pão] é o meu corpo". Tanto o uso da linguagem como o senso comum provam que o sujeito aponta para o pão, não para o corpo, quando ele diz *Hoc est corpus meum*, isto é: este pão é o meu corpo.

É então o caso com o próprio Cristo e também com o sacramento. Pois não é necessário que a habitação corporal da divindade na natureza humana seja transubstanciada, para que a divindade possa estar contida sob os acidentes da natureza humana. Cada natureza é inteira, e podemos dizer em verdade: este homem é Deus; este Deus é homem. Ainda que a filosofia não aceite isso, a fé aceita, e maior é a autoridade da palavra de Deus que a capacidade do nosso intelecto. Assim, também no sacramento não é necessária a presença do corpo e do sangue reais, de modo que o pão e o vinho sejam transubstanciados, para que Cristo esteja contido sob os acidentes; mas, enquanto o pão e o vinho continuam lá, pode ser dito em verdade "este pão é o meu corpo, este vinho é o meu sangue", e vice-versa. Assim entenderei a questão, em honra das santas palavras de Deus, que não permitirei que violência seja praticada pelos minúsculos raciocínios dos homens, ou que sejam distorcidas em significados que lhes são estranhos. Mas dou licença a outros que seguem outra opinião, que é distintamente apresentada nesta decretal, desde que apenas (como já disse) não nos pressionem a aceitar as opiniões deles como artigos de fé.

A terceira servidão desse sacramento é que o abuso dele — e de longe, o mais ímpio — de que atualmente na igreja não há crença mais aceita e mais firmemente estabelecida que aquela que diz ser a missa uma boa obra e um sacrifício. Esse abuso provocou uma inundação de outros abusos, até que a fé no sacramento tenha sido totalmente perdida, e eles fizeram do sacramento divino um mero objeto de comércio e uma forma de ganhar dinheiro. Daí que comunhões, irmandades, sufrágios, méritos, aniversários, memórias e outras coisas do gênero são trazidas e vendidas na igreja, e transformadas em matéria de barganhas e acordos, e toda a manutenção dos sacerdotes e monges depende dessas coisas.

Estou iniciando uma enorme tarefa, e talvez seja impossível desenraizar um abuso que, fortalecido pela prática de tanto tempo, e aprovado pelo consenso universal, estabeleceu-se com tanta firmeza entre nós que a maior parte dos livros influentes hoje precisa ser deixada de lado, e o aspecto da maioria das igrejas deve ser mudado, e um tipo totalmente diferente de cerimônias deve ser implantado ou, antes, recuperado. Mas o meu Cristo vive, e devemos nos apegar com o maior cuidado mais à palavra de Deus que ao intelecto de homens e anjos. Realizarei minha parte, e trarei o assunto à luz, e vou compartilhar a verdade por livre e espontânea vontade, como a recebi. Quanto ao mais, que cada um cuide da própria salvação; eu me esforçarei, como na presença de Cristo meu juiz, para que nenhum homem possa lançar sobre mim a acusação da própria descrença e ignorância da verdade.

Concernente ao sacramento do altar. Para começar — se desejamos nos ater de forma segura e próspera à verdade e ao livre conhecimento desse sacramento, devemos tomar o máximo cuidado para deixar de lado todas as adições pelo zelo ou pelas noções dos homens às instituições primitivas e simples, como vestimentas, ornamentos, hinos, orações, instrumentos musicais, velas, e toda a pompa das coisas visíveis, e devemos voltar os olhos e a atenção apenas para a pura instituição de Cristo, e não colocar nada diante de nós, a não ser as próprias palavras de Cristo, com as quais ele instituiu o sacramento e o outorgou a nós. Nessa palavra, e em absolutamente nada mais, está toda a força, a natureza e a substância da missa. Todo o restante não passa de noções humanas, acessórios à palavra de Cristo, e a missa pode perfeitamente bem subsistir e ser mantida sem essas coisas. Agora, as palavras nas quais Cristo instituiu o sacramento são: "Enquanto comiam, Jesus tomou o pão, deu graças, partiu-o e o deu aos seus discípulos, dizendo: 'Tomem e comam; isto é o meu corpo' [dado por vocês]. Em seguida tomou o cálice, deu graças e o ofereceu aos discípulos, dizendo: 'Bebam dele todos vocês. Isto é o meu sangue da aliança, que é derramado em favor de muitos, para perdão de pecados [façam isto em memória de mim]' " (Mateus 26.26-28).

Essas palavras do apóstolo Paulo (1Coríntios 11) também nos entregam e explicam em grande medida. Nelas devemos descansar, e edificar sobre uma rocha firme, a não ser que queiramos ser levados por todo vento de doutrina, como até agora temos sido, pelos ensinos ímpios de homens que pervertem a verdade. Pois nessas palavras nada foi omitido que tenha a ver com a completitude, uso e benefício do sacramento, e nada há nelas supérfluo ou desnecessário ao conhecimento. Quem despreza essas palavras em suas meditações ou ensinamentos concernentes à missa ensinará impiedades monstruosas, como tem sido feito por quem transformou o sacramento em *opus operatum*[4] e sacrifício.

Que isto então permaneça como a verdade primeira e infalível, que a missa ou o sacramento do altar é o testamento de Cristo, deixado por ele em sua morte, distribuindo uma herança a quem crê nele. Pois estas são suas palavras: "[...] 'Este cálice é a nova aliança no meu sangue [...]' " [1Coríntios 11.25]. Que essa verdade, eu

---

[4] Lutero se refere ao entendimento tradicional católico romano de que os sacramentos atuam *ex opere operato*, isto é, eficazes em si mesmos. [N. do T.]

digo, permaneça a base inamovível sobre a qual edificaremos todos os nossos argumentos. Veja como lançaremos fora todos os ataques ímpios dos homens ao tão doce sacramento. O Cristo fiel então diz, em verdade, que esse é o novo testamento no seu sangue, derramado por nós. Não é sem motivo que o digo, pois a questão não é pequenina, mas deve ser recebida nas profundezas da nossa mente.

Se então perguntarmos o que é um testamento, deveremos aprender o que é a missa, quais são seus usos, vantagens, abusos. Um testamento é uma promessa feita por um homem prestes a morrer, pela qual designa sua herança e aponta herdeiros. Esta é a ideia que um testamento implica: primeiro, a morte do testador; depois, a promessa da herança e a indicação de um herdeiro. Dessa maneira Paulo (Romanos 4; Gálatas 3—4; Hebreus 9) fala amplamente dos testamentos. Também vemos isso com clareza nas palavras de Cristo. Ele mesmo testifica de sua morte, quando diz: "Este é o meu corpo que é dado, este é o meu sangue que é derramado". Ele designa e indica a herança quando diz: "para remissão de pecados". E aponta herdeiros quando declara "para vocês e para muitos", isto é, por quem aceita e crê na promessa do testador, pois a fé nos faz herdeiros, como veremos.

Veja então que a missa — como a chamamos — é a promessa de remissão dos pecados que nos foi feita por Deus e confirmada pela morte do Filho de Deus. Pois a promessa e o testamento diferem apenas nisto: o testamento implica a morte de quem fez a promessa. O testador é quem faz a promessa, e está prestes a morrer, e quem faz a promessa é, por assim dizer, o testador que está prestes a viver. O testamento de Cristo foi prefigurado em todas as promessas divinas desde o princípio do mundo; sim! Qualquer que tenha sido o valor das promessas antigas, ele se encontra na nova promessa a ser feita em Cristo, da qual elas dependiam. Daí que as palavras "acordo, aliança, testamento do Senhor" são constantemente empregadas nas Escrituras, e por essas palavras implicava-se que Deus estava prestes a morrer. "No caso de um testamento, é necessário que se comprove a morte daquele que o fez" (Hebreus 9.16). Então, Deus, tendo feito um testamento, também necessitava morrer. Ele poderia não morrer, a não ser que se tornasse homem, de modo que nessa única palavra "testamento" a encarnação e a morte de Cristo são compreendidas.

De tudo isso agora está evidente quais são o uso e o abuso da missa, o que é a preparação digna ou indigna para ela. Se a missa é uma promessa, como dissemos, podemos nos aproximar não por obras, não por força, não por mérito, mas apenas pela fé. Pois quando temos a palavra de Deus que promete, deve haver fé da parte do homem que aceita, e assim evidencia-se que a fé é o começo da nossa salvação, dependendo da palavra do Deus que promete, o Deus que, independentemente de qualquer esforço nosso, nos guarda por sua livre e imerecida misericórdia e nos dá a palavra da sua promessa. "Ele enviou a sua palavra e os curou [...]" (Salmos 107.20). Ele não nos salva ao aceitar nossas obras. Primeiro vem a palavra de Deus, a seguir a fé, e a fé pelo amor, que por sua vez pratica boas obras, porque o amor não pratica o mal, pois é o cumprimento da lei. Não há outra maneira pela qual o homem possa se encontrar com Deus, a não ser pela fé. Não é o homem por quaisquer das suas obras, mas Deus, que pela própria promessa é o autor da salvação; então tudo depende, está contido e é preservado pela palavra do seu poder, pela qual ele nos gerou, para que possamos ser as primícias da sua criação.

Então, quando Adão foi levantado depois da queda, Deus deu a ele uma promessa, dizendo à serpente: " 'Porei inimizade entre você e a mulher, entre a sua descendência e o descendente dela; este ferirá a sua cabeça, e você lhe ferirá o calcanhar' " [Gênesis 3.15]. Nesta palavra de promessa, Adão, junto com sua posteridade, nasceu, por assim dizer, no seio de Deus e foi preservado pela fé nele, esperando pacientemente pelo descendente da mulher que haveria de pisar a cabeça da serpente, como Deus prometera. Ele morreu nessa fé e nessa espera, sem saber quando e como a promessa seria cumprida, mas não duvidando do seu cumprimento. Pois tal promessa, sendo verdade divina, preserva até no inferno quem crê e nela espera. A promessa foi seguida por outra, feita a Noé, a de que o arco nas nuvens seria dado como sinal da aliança; crendo nela, ele e sua posteridade receberam o favor divino. Depois, Deus prometeu a Abraão que em sua descendência todas as nações da terra seriam abençoadas. Sua posteridade foi recebida no seio de Abraão. Por fim, a Moisés e aos filhos de Israel, em especial a Davi, Deus fez a mais distinta promessa de Cristo, e foi revelado o significado das promessas feitas a eles nos tempos antigos.

Depois chegamos até a promessa mais perfeita de todas, a promessa do Novo Testamento, em que a vida e a salvação são livremente prometidas com todas as letras, e são concedidas a quem crê nela. Cristo distingue essa aliança da antiga, chamando-a "Nova Aliança". A "Antiga Aliança", dada a Moisés, não foi uma promessa de remissão de pecados ou de bênçãos eternas, mas de bênçãos temporais, isto é, a terra de Canaã, e por ela ninguém pode ser renovado em espírito nem está apto a receber a herança celestial. Daí foi necessário que, como figura de Cristo, um cordeiro irracional fosse abatido, no sangue do qual a mesma aliança foi confirmada; assim, o testamento é como o sangue, e a promessa é como a vítima. Cristo agora diz: "A nova aliança no meu sangue", não no sangue de outra pessoa, mas no sangue dele, pelo qual a graça é prometida por intermédio do Espírito para remissão de pecados, para que possamos receber a herança.

A missão então, no que concerne à sua substância, não é outra coisa senão as já mencionadas palavras de Cristo "Tomai e comei" etc. Ele parece dizer: "Eis, ó homem, pecador e condenado como você é, sem pureza e o amor gratuito com o qual eu o amo, de acordo com a vontade do Pai das misericórdias, prometo com estas palavras, independentemente de quaisquer méritos ou orações que você possa fazer ou ter, a remissão de todos os seus pecados e a vida eterna. Para que tenha certeza disso, da minha promessa irrevogável, eu a confirmarei com minha própria morte; entrego meu corpo e derramo meu sangue, e deixarei ambos para você como sinal e memorial dessa promessa. Todas as vezes que os receber, você se lembrará de mim, declarará e louvará o meu amor e a minha dádiva concedidos a você e dará graças".

Veja daí que nada mais é exigido para a recepção digna da missa, a não ser a fé, descansando com confiança nessa promessa, crendo que Cristo é fiel nessas palavras, e não duvidando que essas bênçãos imensuráveis nos foram concedidas. Sobre essa fé nascerá uma afeição espontânea e doce do coração, pela qual o espírito do homem é engrandecido e enriquecido, isto é, o amor, concedido pelo Espírito Santo aos crentes em Cristo. Então o crente é levado a Cristo, testador generoso e beneficente, e se torna um novo homem. Quem não derramaria lágrimas de alegria, e quase morreria de alegria em Cristo, se crer com fé, sem hesitação, que essa promessa inestimável de Cristo lhe pertence? Como não amar esse benfeitor, que de sua própria vontade oferece, promete e dá as maiores riquezas e a herança eterna ao pecador indigno, que merecia um tratamento totalmente diferente?

As 95 teses e a essência da igreja

Uma das nossas grandes misérias é que, enquanto temos muitas missas no mundo, poucos, ou nenhum de nós, reconhecem ou apreendem as ricas promessas apresentadas nelas. Na missa, a única coisa que exige nossa maior atenção, na verdade a única atenção, é guardar essas palavras e promessas de Cristo, que na verdade se constituem na missa em si, constantemente diante dos nossos olhos, para que possamos meditar nelas e digeri-las, e exercitar, nutrir, aumentar e fortalecer nossa fé nelas por essa comemoração diária. É isso que Cristo nos ordena, quando diz: "[...] '[...] façam isto em memória de mim' " [1Coríntios 11.24]. É obra do evangelista apresentar essa promessa com fidelidade ao povo e convocar as pessoas a que tenham fé. Isto é — para não dizer nada das fábulas ímpias dos que ensinam tradições humanas em lugar dessa grande promessa — quantos há que sabem que a missa é uma promessa de Cristo? Mesmo que eles ensinassem essas palavras de Cristo, não as ensinam como veículo da promessa ou do testamento e, por conseguinte, desafiam as pessoas à fé.

É algo deplorável que, na presente servidão, o maior cuidado seja tomado não para que o leigo ouça as palavras de Cristo, como se elas fossem sagradas demais para serem confiadas ao povo comum. Nós, sacerdotes, somos tão maus que arrogamos apenas a nós o direito de pronunciar em secreto as palavras da consagração — como elas são chamadas —; e isso de maneira que não nos beneficia, pois nunca as vemos como promessas ou testamento para o crescimento da fé. Sob a influência de noções supersticiosas e ímpias, reverenciamos as palavras em vez de crer nelas. Satanás trabalha na nossa miséria, enquanto ele não deixa nada para a missa na igreja, mas ele cuida para que cada canto da terra seja cheio de missas, isto é, dos abusos e zombarias do testamento de Deus, e assim o mundo carregará cada vez mais peso com os mais graves pecados de idolatria, para aumentar a condenação. Pois que pecado mais grave de idolatria pode haver que abusar das promessas divinas por nossas perversas noções, e até mesmo negligenciar ou extinguir toda a fé nelas.

Deus (como já disse) nunca lidou, ou lida, com os homens senão pela palavra da promessa. De novo, não podemos lidar com Deus senão pela fé na palavra da sua promessa. Ele não se importa com nossas obras, nem precisa delas — ainda que seja assim que lidemos com os demais homens e com nós mesmos —, mas ele exige ser considerado por nós fielmente em suas promessas, e a ser considerado assim com paciência, e adorado com fé, esperança e amor. Dessa forma ele é glorificado em nós, quando recebemos e desfrutamos de todas as bênçãos, não por nossos próprios esforços, mas por sua misericórdia, promessa e dom. Esse é o verdadeiro culto e serviço a Deus, que devemos oferecer na missa. Mas quando as palavras da promessa não nos são entregues, que exercício da fé pode haver? E, sem fé, quem pode esperar? Quem pode amar? Sem fé, esperança e amor, que culto pode haver? Não há dúvida de que, como no presente, todo o conjunto de sacerdotes e monges, com seus bispos e respectivos superiores, é idólatra, vivendo em um estado muito perigoso, por conta de sua ignorância, abuso e zombaria da missa, ou sacramento ou promessa divina.

É fácil para qualquer um entender que duas coisas são ao mesmo tempo necessárias: promessa e fé. Sem a promessa não há em que crer, e sem fé a promessa é inútil, pois pela fé ela é estabelecida e cumprida. Facilmente se conclui que só se pode aproximar para participar da missa pela fé, pois ela não consiste em nada além de promessa. Sem fé, orações, preparações, obras, sinais ou gestos são provocações à impiedade, não atos piedosos. Muitas vezes acontece de os homens se imaginarem aproximar do altar de maneira legítima ao dar atenção a todas essas coisas, quando, na realidade, não poderiam estar mais inadequados para se aproximar, por causa da descrença que trazem consigo. Que número de sacerdotes você precisa ver todos os dias, aqueles que cometeram algum erro superficial, por usarem paramentos inadequados, ou por não lavarem as mãos, ou por alguma hesitação nas orações, são miseráveis, e se consideram culpados de um crime imenso! Enquanto isso, quanto à missa em si, isto é, a promessa divina, eles não creem nem a ela se apegam; sim, são totalmente inconscientes de sua existência. Ó religião indigna de nossa época, a mais ímpia e ingrata de todas as eras!

Não há então preparação digna para a missa, ou o uso correto dela, a não ser a fé, pela qual cremos ser uma promessa divina. Por conseguinte, quem se aproxima do altar, ou recebe o sacramento, cuide para não comparecer perante o Senhor, seu Deus, vazio. Estará vazio quem não tiver fé na promessa, ou na Nova Aliança. Que impiedade mais grave pode ser cometida contra a verdade de Deus que a descrença? Quem assim o faz mente, e torna a Deus mentiroso, e faz que as promessas divinas sejam inúteis. Será mais seguro ir à missa com nenhuma outra mentalidade, a não ser a de ouvir qualquer outra promessa divina, isto é, estar preparado não para fazer muitas obras e trazer muitas ofertas, mas para crer e receber em tudo que lhe é prometido na ordenança, ou lhe é declarado pelo ministério do sacerdote, de acordo com a promessa. A não ser que venha nesse espírito, tome cuidado, pois você sem dúvida se aproximará do juízo.

Tenho dito com acerto que toda a virtude da missa consiste nas palavras de Cristo, nas quais ele testifica que a remissão é concedida a todos os que creem que seu corpo é dado e seu sangue é derramado por eles. Para os que vão à missa, não há nada mais necessário que ouvir e meditar com seriedade e com plena fé as próprias palavras de Cristo, pois, a não ser que façam isso, tudo mais é feito em vão. Sem dúvida, é verdade que Deus nunca deixa falhar suas promessas, das quais dá algum sinal, garantia ou memorial, para que sejam guardadas com mais fidelidade e falem com maior força à mente dos homens. Então, quando ele prometeu a Noé que a terra não seria destruída por outro dilúvio, ele colocou seu arco nas nuvens e disse que sempre se lembraria da aliança. A Abraão, quando ele prometeu que sua descendência herdaria a terra, ele deu a circuncisão como selo da justiça que é pela fé. A Gideão, ele deu o novelo de lã seco e o molhado, para confirmar a promessa de vitória sobre os midianitas. A Acaz, ele deu o sinal por intermédio de Isaías, para lhe confirmar a fé na promessa de vitória sobre os reis da Síria e de Samaria. Lemos nas Escrituras de tantos sinais das promessas de Deus.

De igual modo na missa, a primeira de todas as promessas, ele deu um sinal memorial, isto é, o próprio sangue no pão e no vinho, dizendo: "[...] '[...] façam isto em memória de mim' ". Então no batismo ele acrescenta as palavras da promessa do sinal de imersão na água. Como vemos, em cada promessa divina duas coisas são apresentadas diante de nós, a palavra e o sinal. A palavra deve ser entendida como o testamento, e o sinal como o sacramento; assim, na missa, a palavra de Cristo é o testamento, e o pão e o vinho são o sacramento. E há maior poder na palavra que no sinal, como há maior poder no testamento que no sacramento. Um homem pode ter e usar a palavra ou testamento sem o sinal ou sacramento. "Creia", disse Agostinho, "e você terá comido". Mas em que cremos, senão na palavra de quem faz a promessa? Assim vou todos os dias à missa, a toda hora, e sempre que vou ponho diante de mim mesmo as palavras de Cristo, e assim alimento minha fé nelas, e assim acontece verdadeiramente o comer e beber espiritual.

Aqui vemos quanto os teólogos das *Sentenças* fizeram para nós no assunto. Em primeiro lugar, nenhum deles lida com a soma e substância do todo, isto é, o testamento e a palavra da promessa, e assim eles deixam de lado a fé e toda a virtude do sacrifício. A seguir, a outra parte, isto é, o sinal ou sacramento, é tudo com o que eles lidam, mas não ensinam a fé nem neste ponto, mas nas próprias preparações, *opera operata*, participações e frutos da missa. Finalmente, eles alcançaram a profundidade do erro, e se envolveram em uma infinidade de enganos metafísicos concernentes à transubstanciação e outros assuntos, de modo que deixaram de lado a fé, e, com o conhecimento e uso verdadeiro do testamento como do sacramento, fizeram que o povo de Cristo — como o profeta diz — se esquecesse de Deus por muitos dias. Mas você permite que outros recontem os vários frutos de ouvir a missa, e aplica sua mente a dizer e a crer, com o profeta, que Deus preparou uma mesa à sua frente na presença de seus inimigos — mesa em que sua fé pode se alimentar e se fortalecer. Só pela palavra da promessa divina que sua fé pode ser alimentada, pois o homem não viverá só do pão, mas de toda palavra que procede da boca de Deus (Mateus 4.4). Daí que, na missa, você deve olhar acima de todas as coisas e contemplar a palavra da promessa como um banquete muito suntuoso, repleto de todo tipo de alimentos e santa nutrição para sua alma; estime isso acima de todas as coisas, nisso você deve depositar toda a sua confiança, e firmemente se apegar a ela, mesmo em meio à morte e a todos os seus pecados. Se o fizer, ainda que não possua nada, a não ser a pequenez dos frutos da missa, a fé na palavra da qual todas as coisas boas fluem, como Cristo disse: " 'Quem crer em mim, como diz a Escritura, do seu interior fluirão rios de água viva'" (João 7.38), e outra vez: "'[...] quem beber da água que eu lhe der nunca mais terá sede. Ao contrário, a água que eu lhe der se tornará nele uma fonte de água a jorrar para a vida eterna'" (João 4.14).

Duas dificuldades nos rodeiam e impedem de receber os benefícios do sacramento. Uma é que somos pecadores e indignos, por nossa própria vileza, de tão grandes bênçãos. A outra é — mesmo que fôssemos dignos — a própria grandeza das bênçãos é de tal monta que a natureza não pode ousar buscar ou esperar por elas. Não ficaríamos maravilhados, a não ser com o desejo da remissão dos pecados e da vida eterna, se estimarmos com correção a grandeza das bênçãos que vêm por meio destas, isto é, ter Deus como Pai e sermos filhos de Deus e herdeiros de todas as coisas boas? Para dar conta da dupla fraqueza da natureza, você deve se apegar à palavra de Cristo e fixar seus olhos nela, não nessas cogitações de sua própria enfermidade. Pois as obras do Senhor são grandiosas, e ele é poderoso para dar além do que podemos buscar ou entender. De fato, a não ser que suas obras ultrapassem nossa dignidade, nossa capacidade, toda a nossa compreensão, elas não serão divinas. Por isso Cristo nos encoraja, dizendo: " 'Não tenham medo, pequeno rebanho, pois foi do agrado do Pai dar o Reino a vocês' " (Lucas 12.32). Essa incompreensível exuberância da misericórdia divina, derramada sobre nós por meio de Cristo, nos faz em troca amá-lo acima de todas as coisas, nos lançar a ele com a mais perfeita confiança, desprezar todas as coisas e estar prontos a sofrer todas as coisas por ele. Daí que esse sacramento tem sido com correção chamado fonte do amor.

Podemos extrair um exemplo dos negócios humanos. Se algum nobre muito rico desse mil peças de ouro a um mendigo, ou mesmo a um empregado indigno e mau, este sem dúvida o receberia com confiança, sem considerar a própria indignidade ou a grandeza do legado. Se alguém lhe apresentasse as objeções, o que você acha que ele responderia? Sua resposta certamente seria: "O que isso diz respeito a você? Não é pelo meu merecimento ou por qualquer direito meu que o recebo. Sei que sou indigno de tudo isso, e que recebo muito mais do que mereço. Sei que sou indigno, e que estou ganhando muito mais do que mereço, e que na verdade mereço o contrário. Mas o que posso alegar, alego por direito de testamento e pela bondade do outro; se não foi um ato indigno deixar-me esse legado por eu ser tão indigno, por que minha indignidade me faria hesitar em aceitá-lo? Quanto mais indigno eu sou, mais prontamente recebo o favor livre do outro". Com tais raciocínios devemos armar a consciência contra todos os escrúpulos e ansiedades, para podermos nos apegar à promessa de Cristo com fé não vacilante. Devemos ter todo o cuidado para que não nos aproximemos com qualquer confiança em nossas confissões, orações e preparações; não devemos ter esperança em nada disso; antes, devemos manter apenas a elevada confiança na promessa de Cristo — pois só a palavra da promessa deve nos dominar — em pura fé: a única e suficiente preparação.

De tudo isso vemos quão grande a ira de Deus tem sido, que permitiu que nossos ímpios mestres nos ocultassem as palavras do testamento e assim, se possível, até mesmo extinguir a fé. É evidente o que se segue à extinção da fé, a saber, as mais ímpias superstições a respeito das obras. Pois quando a fé perece e a palavra fé silencia, mesmo obras justas, e tradições de obras, se levantam no lugar dela. Por meio dessas coisas, fomos removidos da nossa terra, como que em um cativeiro na Babilônia, e tudo que nos era caro foi tirado de nós. Mesmo que isso tivesse recaído com o sacramento que, pelo ensino de homens ímpios, foi transformado em boa obra, que eles chamam de *opus operatum,* e pela qual imaginam ser todo-poderosos com Deus. Eles foram ao extremo da loucura e, tendo primeiro afirmado com falsidade que o sacramento é eficiente pela força do *opus operatum*, dizem que, mesmo que seja doloroso para alguém oferecer esse sacrifício com impiedade, ele é, não obstante, útil para outras pessoas. Com essa base estabeleceram aplicações, participações, irmandades, aniversários e uma infinidade de negócios lucrativos dessa natureza.

Dificilmente você se posicionará contra esses erros, pois são muitos e fortes, e penetraram em nosso meio com tamanha profundidade — a não ser que fixe com firmeza em sua memória o que foi dito e você se apegue à verdadeira natureza do sacramento. Você ouviu que a missa nada mais é que a divina promessa ou testamento de Cristo, que nos foi ordenado pelo sacramento de seu corpo e sangue. Se isso é verdadeiro, você perceberá que jamais poderá ser uma *obra*, nem qualquer obra pode ser praticada nele, nem se pode lidar com ele de outra maneira que não pela fé. A fé não é uma obra, mas a amante e a vida de todas as obras. Haverá algum homem tão sem noção a ponto de chamar uma promessa recebida, ou um legado que lhe foi concedido, de uma boa obra praticada a seu favor pelo testamenteiro? Que herdeiro é esse, que pensa estar fazendo um favor a seu pai quando recebe os documentos testamentários junto com a herança concedida? De onde vem essa ímpia falta de sensibilidade da nossa parte, que recebemos o testamento de Deus como se estivéssemos fazendo um favor a ele? Não são a ignorância do testamento e tal estado de servidão do grande sacramento uma dor além de todas as lágrimas? Quando deveríamos ser gratos pelas bênçãos concedidas, damos com orgulho o que recebemos, e zombamos da misericórdia do Doador com perversidade inaudita. Damos a ele como se fosse nosso esforço o que recebemos dele como dádiva, e assim fazemos do testamenteiro não mais o doador de boas dádivas, mas quem de nós as recebe. Ai de nós por tamanha impiedade!

Quem foi sem noção a ponto de considerar o batismo uma boa obra? Que candidato ao batismo creu estar realizando uma obra que poderia oferecer a Deus a favor de si mesmo e dos outros? Então, se em um sacramento e testamento não há boa obra comunicável a outros, também não pode haver na missa, que em si nada mais é que um testamento e um sacramento. Daí ser um erro ímpio e declarado oferecer ou aplicar o sacramento para pecados, satisfações, para os mortos ou para quaisquer necessidades próprias ou dos outros. Você entenderá facilmente a verdade evidente dessa declaração se prestar atenção ao fato de que o sacramento é uma promessa divina, que não será de proveito para ninguém, nem se aplicado ou comunicado a ninguém, a não ser a quem crê, e isso só por meio da fé. Quem poderia receber ou aplicar a outra pessoa uma promessa divina que exige fé da parte do indivíduo? Posso eu dar a outro homem a promessa divina se ele não crê? Ou posso crer no lugar de outro homem? Ou posso fazer que alguém creia? Mas posso fazer tudo isso se aplico e comunico o sacramento aos outros, pois no sacramento há apenas duas coisas: a promessa divina e a fé humana que recebe a promessa. Se eu puder fazer tudo isso, posso também ouvir e crer no evangelho no lugar de outros homens, posso ser batizado no lugar de uma pessoa, posso ser absolvido do pecado no lugar de outrem, posso participar do sacramento do altar no lugar de outro ser, e, se for para seguir toda a lista dos sacramentos, também posso me casar no lugar de outro homem, ser ordenado sacerdote no lugar de outra pessoa, ser confirmado no lugar de outro indivíduo, receber a extrema-unção no lugar de outro ser.

Por que Abraão não creu no lugar de todos os judeus? Por que se exigiu de cada judeu exercer a fé na mesma promessa crida por Abraão? Apeguemo-nos a esta verdade inexpugnável: onde há uma promessa divina, todo homem permanece por si; a fé é exigida de cada um, pois todo homem deve dar conta de si mesmo e carregar o seu fardo, como Cristo disse: " 'Quem crer e for batizado será salvo, mas quem não crer será condenado' " (Marcos 16.16). Assim, o homem pode tornar o sacramento útil apenas para si mesmo, pela própria fé, e não pode, de jeito nenhum, comunicá-lo aos outros, como o sacerdote não pode ministrar o sacramento a ninguém no lugar de outra pessoa, mas administra o mesmo sacramento a cada indivíduo em separado. Os sacerdotes na obra de consagração e ministração atuam como ministros para nós; não que ofereçamos alguma boa obra por meio deles, ou os comuniquemos de maneira ativa, mas por esse intermédio recebemos a promessa e seu sinal, e o comunicamos de modo passivo. A ideia persiste entre os leigos, pois a eles não é dito que façam a boa obra, mas que recebam o dom. No entanto, os sacerdotes seguiram as próprias impiedades e fizeram dela uma boa obra que comunicam, e transformaram a oferta do sacramento e do testamento de Deus, onde eles deveriam tê-lo recebido como boa dádiva.

Mas você dirá: "O quê? Pôr abaixo práticas e opiniões que por tantos séculos se enraizaram em todas as igrejas e mosteiros, e que sustentam toda a estrutura de aniversários, sufrágios, aplicações e comunicações estabelecidas sobre a missa, de onde eles retiram amplamente seu sustento?". Respondo: Isso que tem me motivado a escrever a respeito do cativeiro da igreja. Pois o venerável testamento de Deus foi reduzido à servidão profana do lucro, por meio das opiniões e tradições de homens ímpios, que passaram por cima da Palavra de Deus, e nos apresentaram as imaginações do coração de cada um deles, e assim levaram todo o mundo a se perder. Qual a minha ligação com o número ou a grandeza dos que estão no erro? A verdade é mais forte que qualquer coisa. Se você pode negar que Cristo ensina ser a missa um testamento e um sacramento, estou pronto a justificar esses homens. Mais uma vez, se você pode dizer que o homem recipiente do benefício de um testamento, ou que usa para esse propósito o sacramento da promessa, está fazendo uma boa obra, estou pronto e disposto a condenar tudo que já disse. Mas, como nada disso é possível, por que hesitar em desprezar a multidão que se apressa a fazer o mal, enquanto você dá glória a Deus e confessa sua verdade, isto é, que todos os sacerdotes estão perversamente enganados, que olham para a missa como uma obra pela qual podem ajudar as próprias necessidades, ou as dos outros, sejam vivos ou mortos? Minhas declarações, eu sei, são inéditas e impressionantes. Mas, se olhar para a verdadeira natureza da missa, você verá que falo a verdade. Esses erros procedem da segurança que nos impede de perceber que a ira divina estava sobre nós.

Admito de pronto que as orações apresentadas na presença de Deus, quando nos encontramos para participar da missa, são boas obras ou benefícios que repartimos mutuamente, aplicamos e comunicamos e oferecemos uns pelos outros; como o apóstolo Tiago nos ensina a orar uns pelos outros para que possamos ser salvos. Paulo também exorta que súplicas, orações, intercessões e ações de graças sejam feitas por todos os homens, por reis, e por todos os detentores de autoridade (1Timóteo 2.1,2). Essas coisas não são a missa, mas obras da missa — se de fato podemos chamar as orações do coração e dos nossos lábios de obras — porque elas fluem da existência e do crescimento da fé no sacramento. A missa ou promessa divina não é completada por nossas orações, mas apenas pela fé, e em fé oramos e praticamos boas obras. Mas que sacerdote sacrifica com a intenção e a ideia de oferecer orações? Todos eles imaginam estar oferecendo o próprio Cristo a Deus, o Pai, como vítima completamente suficiente; e que praticam uma boa obra a favor de todos os homens, que, conforme alegam, serão beneficiados por isso. Eles confiam no *opus operatum* e não atribuem o efeito à oração. Assim, pelo crescimento gradual do erro, atribuem ao sacramento o benefício que flui da oração e oferecem a Deus o que deveriam receber dele como dádiva.

Deve-se, por conseguinte, distinguir com clareza o testamento e o sacramento das orações que oferecemos ao mesmo tempo. E não só isso, devemos entender que as orações não são de nenhum valor para quem as oferece e para quem elas são oferecidas, a não ser que o testamento tenha sido primeiramente recebido pela fé, para que a oração seja pela fé, a única que é ouvida, conforme nos ensina o apóstolo Tiago. Quanto a oração difere da missa! Posso orar por tantas pessoas que quiser, mas ninguém recebe a missa, a não ser que creia por si, e isso apenas na medida em que crer, nem pode ser dada a Deus ou aos homens, mas a Deus apenas, que pelo ministério do sacerdote a dá aos homens, e eles a recebem pela fé somente, sem quaisquer obras ou méritos. Ninguém seria tão audaciosamente tolo para dizer que, quando o homem pobre e necessitado vem receber o benefício da mão do homem rico, ele está praticando uma boa obra. O sacramento é o benefício da promessa divina, dado a todos os homens pela mão do sacerdote. Portanto, é certo que a missão não é uma obra comunicável aos outros, mas o objeto da fé individual, que deve ser nutrida e fortalecida.

Devemos também nos livrar de outro escândalo muito maior e mais enganoso, isto é, da crença em toda parte de que a missa é um sacrifício oferecido a Deus. Com essa opinião, as palavras do celebrante da missa parecem concordar, como: "estes dons, estas ofertas, estes santos sacrifícios", e ainda "esta oblação". Há também uma oração muito distinta de que o sacrifício deve ser aceito como o sacrifício de Abel. Daí Cristo ser chamado de vítima do altar. Devemos acrescentar a isso os dizeres dos santos pais, um grande número de autoridades, e o uso que tem sido constantemente observado ao redor do mundo.

A todas as dificuldades, que nos rodeiam de maneira tão pertinaz, devemos opor com a maior constância as palavras e o exemplo de Cristo. A não ser que nos apeguemos à missa como a promessa ou o testamento de Cristo, de acordo com o pleno significado das palavras, perdemos todo o evangelho e todo o nosso conforto. Não permitamos que nada prevaleça contra essas palavras, mesmo que um anjo do céu nos ensine de modo diferente. Não há nada nas palavras a respeito de uma obra ou de um sacrifício. Mais uma vez, temos do nosso lado o exemplo de Cristo. Quando Cristo instituiu o sacramento e estabeleceu o testamento na Última Ceia, ele não se ofereceu a Deus o Pai, ou realizou qualquer obra a favor dos outros, mas, enquanto se assentava à mesa, declarou o mesmo testamento a cada indivíduo presente e concedeu a cada um o sinal do testamento. Quanto mais uma missa se parece com a primeira missa de todas, que Cristo celebrou na Última Ceia, mais cristã é. Mas a missa de Cristo foi mais simples, sem qualquer apresentação de vestimentas, gestos, hinos e outras cerimônias, como se tivesse sido necessário que isso deveria ser oferecido como sacrifício, como se sua instituição não tivesse sido completa.

Não que qualquer um deva com imprudência culpar a igreja universal, que adornou e expandiu a missa com muitos outros ritos e cerimônias, mas desejamos que ninguém seja enganado por cerimônias espetaculosas, ou que fiquem perplexos pela quantidade de demonstrações externas, a ponto de perder a simplicidade da missa e, de fato, prestar homenagem a algum tipo de transubstanciação, como acontecerá se passamos pela simples substância da missa, e fixamos a mente nos muitos acidentes de sua demonstração exterior. Pois seja o que for que tenha sido acrescentado à missa além da palavra e do exemplo de Cristo, é um de seus acidentes, e a nenhum deles devemos considerar de qualquer outra maneira que o que agora consideramos como ostensórios — como são chamados — e roupas de altar, nos quais a hóstia está contida. É uma contradição de termos que a missa seja um sacrifício, pois recebemos a missa, mas oferecemos um sacrifício. O sacrifício não pode ser recebido e oferecido ao mesmo tempo, nem pode ao mesmo tempo ser oferecido e aceito pela mesma pessoa. Isso é tão certo como a oração e o motivo pelo qual se ora não podem ser a mesma coisa, nem podem ser a mesma coisa orar e receber aquilo pelo qual oramos.

O que então devemos dizer ao celebrante da missa e à autoridade dos pais da Igreja? Antes de qualquer coisa, replico: se não houvesse nada a ser dito, seria mais seguro negar a autoridade deles que admitir que a missa é uma obra ou um sacrifício, e assim negar a palavra de Cristo e jogar por terra a fé e o sacramento. Mas, para que possamos conservar também os pais da Igreja, explicaremos (1Coríntios 11) que os crentes em Cristo, quando se encontravam para celebrar o sacramento, estavam acostumados a trazer com eles comidas e bebidas, chamadas "coletas", distribuídas entre os pobres, de acordo com o exemplo dos apóstolos (Atos 4), e dos quais eram tirados o pão e o vinho consagrados para o sacramento. Desde que todos esses dons foram santificados pela palavra e oração depois do rito hebreu, conforme o qual foram elevados, como lemos em Moisés, as palavras e a prática da elevação, ou do oferecimento, continuaram na igreja muito depois do costume ter morrido, a partir da coleta das dádivas oferecidas, ou elevadas. Assim, Ezequias (Isaías 37.4) pediu a Isaías que orasse para que o remanescente fosse deixado. E o salmista disse: "Levantem as mãos na direção do santuário e bendigam o SENHOR!" e "em teu nome levantarei as minhas mãos";[5] também foi dito: "Quero, pois, que os homens orem em todo lugar, levantando mãos santas [...]" (1Timóteo 2.8). Daí que as expressões "sacrifício" ou "oblação" devem ser mencionadas, não para o sacramento e o testamento, mas de forma própria para as "coletas". Daí também que a palavra "coleta" permaneceu em uso para as orações ditas na missa.

Pela mesma razão, os sacerdotes elevam o pão e o cálice tão logo os consagram, mas a prova de que não estão oferecendo nada a Deus é que nenhuma palavra faz menção da vítima ou da oblação. Isso também é reminiscência do rito hebreu: era costume elevar as dádivas, que, depois de serem recebidas com ações de graças, eram apresentadas de volta para Deus. Ou isso pode ser considerado uma admoestação a nós, uma chamada para nossa fé no testamento que Cristo na ocasião nos apresentou, e também como uma apresentação do seu sinal. A oblação do pão propriamente corresponde

---

[5] Lutero cita Salmos 134.2 e 63.4*b*. [N. do T.]

às palavras: " 'Isto é o meu corpo' ", e Cristo se dirige a nós por esse mesmo sinal. Então também a oblação do cálice corresponde às palavras " 'este cálice é a nova aliança no meu sangue' ". O sacerdote deve apelar à nossa fé pelo rito da elevação. E como ele abertamente eleva o sinal ou sacramento à nossa vista, então desejo que ele também pronuncie a palavra ou testamento em alto e bom som, e na língua de cada nação, para que nossa fé seja exercida de maneira eficaz. Por que é legítimo celebrar a missa em grego, em latim e em hebraico, mas também não em alemão ou em qualquer outra língua?

Por conseguinte, nesta época tão esquecida e perigosa, que os sacerdotes que sacrificam atentem em primeiro lugar às palavras do cânone maior e menor, com as colegas, que falam abertamente do sacrifício, a ser aplicado não ao sacramento, mas à consagração do pão e do vinho, ou às próprias orações. Pois o pão e o vinho são apresentados para receber a bênção, a fim de que sejam santificados pela palavra e a oração. Mas, depois de ter sido abençoado e consagrado, eles não são mais oferecidos, mas recebidos como dádiva da parte de Deus. E que quanto a isso o sacerdote considere que o evangelho deve ser preferido a todos os cânones e coletas compostas pelos homens, mas o evangelho, como temos visto, não permite que a missa seja um sacrifício.

A seguir, quando o sacerdote celebra a missa em público, que ele entenda que está apenas recebendo e distribuindo aos outros a comunhão no sacramento, e que ele esteja consciente de oferecer ao mesmo tempo suas orações, por si mesmo e pelos outros, a menos que presuma oferecer a missa. O sacerdote também que celebra a missa particular deve considerar-se administrador da comunhão a si mesmo. A missa particular não é em absoluto diferente da simples recepção da comunhão por qualquer leigo da mão do sacerdote, nem mais eficiente que ela, exceto pelas orações, e que o sacerdote a consagre e a ministre para si mesmo. Na questão da missa e do sacramento, somos todos iguais, sacerdotes e leigos.

Mesmo que ele fosse requisitado por outras pessoas a fazê-lo, que ele tome cuidado ao celebrar missas votivas — como são chamadas — e de receber qualquer pagamento pela missa, ou de presumir oferecer qualquer sacrifício votivo; mas que ele se refira a tudo isso com cuidado pelas orações que oferece, seja pelos mortos, seja pelos vivos. Que ele pense assim: irei e receberei os sacramentos apenas para mim mesmo, mas enquanto o recebo vou orar por esta ou aquela pessoa, e assim, para propósito de comida e vestuário, receberei pagamento pelas minhas orações, não pela missa. Que isso não o abale, ainda que o mundo inteiro seja de opinião e prática contrárias. Você tem a autoridade segura do evangelho e, baseado nisso, pode facilmente contender com as ideias e opiniões dos homens. Entretanto, se, a despeito do que eu disse, você persistir em oferecer a missa, não apenas suas orações, saiba então que eu o adverti com fidelidade e que no dia do julgamento estarei tranquilo, enquanto você carregará o próprio pecado. Disse o que estava a ponto de dizer, de um irmão para outro, para sua salvação, e será para seu proveito que atente às minhas palavras e para seu prejuízo se as rejeitar. E, se há alguém que condene estas minhas declarações, replico com as palavras de Paulo: "Contudo, os perversos e impostores irão de mal a pior, enganando e sendo enganados" (2Timóteo 3.13).

Daí qualquer um pode entender com facilidade a passagem muito citada de Gregório, em que ele diz: a missa celebrada pelo mau sacerdote não deve ser considerada de menor valor que a celebrada pelo bom sacerdote, e que a celebrada por São Pedro não seria melhor que a celebrada pelo traidor Judas. Acobertados por esse dito, alguns tentam ocultar a própria impiedade, e estabeleceram uma distinção entre o *opus operatum* e o *opus operans*, para que possam continuar seguros na vida perversa e ainda pretendam ser benfeitores dos outros. Gregório de fato diz a verdade, mas os homens pervertem seu significado. É muito verdadeiro que o testamento e o sacramento não são menos efetivamente dados e recebidos das mãos de sacerdotes ímpios que das mãos de sacerdotes muito santos. Quem duvida que o evangelho pode ser pregado por homens ímpios? A missa é parte do evangelho, isto é, o próprio resumo e compêndio do evangelho. Pois o que é o evangelho, senão as boas-novas da remissão dos pecados? Tudo que pode ser dito nas palavras mais amplas e sobejantes com respeito à remissão dos pecados e da misericórdia divina está brevemente compreendido na palavra do testamento. Portanto, os sermões não devem ser nada mais que a exposição do sacramento, ou seja, o estabelecimento da promessa divina do testamento. Isso significa ensinar a fé e edificar a igreja de verdade. Mas quem agora explica a missa faz dela um esporte e uma zombaria por figuras de linguagem derivadas de cerimônias humanas.

Se, por conseguinte, um ímpio pode batizar, isto é, aplicar a palavra da promessa e o sinal da água à pessoa batizada, então ele também pode aplicar e ministrar a promessa do sacramento aos que dele participam, e participar com eles, como o traidor Judas fez na ceia do Senhor. O sacramento e o testamento permanecem os mesmos, e realizam a mesma obra em quem crê, e realizam uma obra estranha a si mesmo em quem não crê. Mas no caso da oblação a questão é totalmente diferente, pois nesse caso não é a missa oferecida a Deus, mas orações, e é evidente que as oblações do sacerdote ímpio não têm valor. Como Gregório diz: quando empregamos alguém indigno como advogado, a mente do juiz se predispõe contra nós. Não devemos, todavia, confundir as duas coisas, a missa e a oração, o sacramento e a obra, o testamento e o sacrifício. Um vem de Deus para nós por meio do ministério do sacerdote, e exige fé da nossa parte; enquanto a outra procede da nossa fé para Deus por intermédio do sacerdote, e espera que ele nos ouça; uma desce, e a outra sobe. Por conseguinte, uma não exige necessariamente que o ministro seja digno e piedoso, mas a outra o exige, porque Deus não ouve pecadores. Ele sabe fazer o bem para nós por meio de homens maus, mas não aceita as obras do ímpio, como está claro no caso de Caim. Está escrito: "O SENHOR detesta o sacrifício dos ímpios [...]" (Provérbios 15.8) e "[...] tudo o que não provém da fé é pecado" (Romanos 14.23).

Daremos fim agora a esta primeira parte do assunto, mas estou pronto a produzir outros argumentos quando qualquer um atacar os aqui apresentados. De tudo que foi dito, vemos para quem a missa foi intencionada, e quem são os que dela participam com dignidade, isto é, os que estão tristes, aflitos, perturbados, confusos e com a consciência culpada. Pois, desde que a palavra da promessa divina no sacramento nos conduz à remissão dos pecados, qualquer homem pode se apegar com segurança à remissão dos pecados, qualquer um pode dele se aproximar, mesmo que esteja perturbado pelo remorso do pecado ou pela tentação para pecar. Essa declaração de Cristo é um remédio para os pecados passados, presentes e futuros, desde que você se apegue a ela com fé que não vacila e creia no que dizem as palavras do testamento que é dado de forma livre. Se você não crê, então nunca, em lugar nenhum, por nenhuma obra, nenhum esforço, conseguirá apaziguar sua consciência. Pois a fé é a única paz da consciência, e a incredulidade é o que a perturba.

A respeito do sacramento do batismo

Bendito seja o Deus e Pai de nosso Senhor Jesus Cristo, que de acordo com as riquezas de sua misericórdia preservou esse sacramento em sua igreja livre de perturbações e não contaminado pelos artifícios dos homens, e o deixou acessível a todas as nações e homens de todas as classes. Ele não permitiu que ele fosse subjugado com as monstruosidades ímpias e loucas da avareza e da superstição; sem dúvida que ele tinha este propósito, de que teria criancinhas, incapazes de avareza e superstição, sendo iniciadas nesse sacramento e santificadas pela fé simples na palavra. A essas, mesmo hoje, o batismo é a maior vantagem. Se o sacramento teve intenção de ser dado aos adultos, parece que dificilmente teria preservado sua eficácia e glória, na presença da tirania da avareza e superstição, que suplantaram todas as ordenanças divinas entre nós. Nesse caso também, sem dúvida, a sabedoria carnal teria inventado suas preparações, sua dignidade, suas reservas, suas restrições e outras redes semelhantes para ganhar dinheiro, para que a água do batismo não seja vendida por preço mais barato que pergaminhos.

Sim, ainda que Satanás não tenha conseguido extinguir a virtude do batismo no caso das criancinhas, ele teve poder para extingui-la nos adultos, de modo que hoje dificilmente se encontra quem se lembra de ter sido batizado, e muito menos se glorie nisso, tantas foram as maneiras encontradas para obter a remissão dos pecados e ir para o céu. Por conta da interpretação e do entendimento equivocados da perigosa afirmação de São Jerônimo — na qual ele diz que a penitência é a segunda tábua de salvação depois do naufrágio —, apareceram várias afirmações errôneas, como se o batismo não fosse penitência. Daí surgiu uma infinidade de votos, dedicações religiosas, obras, satisfações, peregrinações, indulgências e sistemas, e daí oceanos de livros e questionamentos humanos, opiniões e tradições, tantos que não cabem no mundo inteiro. Essa tirania possui a igreja de Deus de uma forma incomparavelmente pior do que foi com a sinagoga, ou com qualquer nação debaixo do céu.

Era dever dos bispos remover todos esses abusos, e fazer todo o esforço para convocar os cristãos à simplicidade do batismo, para que eles pudessem entender a própria posição e o que devem fazer como cristãos. Contudo, o único negócio dos bispos hoje em dia é levar as pessoas o mais longe possível do batismo e prender todos no dilúvio de sua tirania; e assim, como disse o profeta, fazer o povo de Cristo se esquecer dele para sempre. Ó homens ímpios, chamados pelo nome de bispos! Eles não apenas não sabem e não fazem nada que os bispos devem fazer, mas são ignorantes até mesmo do que devem saber e fazer. Cumprem as palavras de Isaías: "As sentinelas de Israel estão cegas e não têm conhecimento; todas elas são como cães mudos, incapazes de latir. Deitam-se e sonham; só querem dormir. São cães devoradores, insaciáveis. São pastores sem entendimento; todos seguem seu próprio caminho, cada um procura vantagem própria" (Isaías 56.10,11).

A primeira coisa então que temos de observar no batismo é a promessa divina que diz: quem crer e for batizado será salvo. A promessa deve ser infinitamente preferida a toda a apresentação de obras, votos, ordens religiosas e seja o que for que tenha sido introduzido pela invenção humana. Da promessa, depende toda a nossa salvação, e deve-se atentar para nela exercitarmos a fé, não duvidando de jeito nenhum de que somos salvos, pois fomos batizados. A não ser que a fé exista e seja aplicada, o batismo de nada nos valerá; antes, nos será prejudicial não só quando recebido, mas também depois da vida. Pois a incredulidade desse tipo acusa a promessa divina de falsidade, e fazê-lo é o maior dos pecados. Se tentarmos esse exercício de fé, logo veremos que difícil coisa é crer na promessa divina. Pois a fraqueza humana, consciente da própria pecaminosidade, tem como o aspecto mais difícil do mundo crer que é salva, ou que pode ser salva, e mesmo assim, a não ser que creia, não poderá ser salva, porque não crê na verdade divina que promete salvação.

Essa doutrina precisa ser inculcada com cuidado nas pessoas pela pregação; a promessa precisa ser reiterada de forma contínua; os homens precisam ser constantemente lembrados do batismo; a fé precisa ser proclamada em alta voz e alimentada. Quando a promessa divina nos foi uma vez conferida, sua verdade continua até a hora da morte, e assim a fé nunca precisa enfraquecer, mas necessita ser nutrida e fortalecida até que morramos, pela lembrança perpétua da promessa feita no batismo. Assim, quando nos elevamos acima dos nossos pecados, exercemos a penitência, apenas revertemos a eficácia do batismo e a fé nele, de onde uma vez caímos, e retornamos à promessa feita, mas abandonada por causa do pecado. Pois a verdade da promessa que nos foi feita sempre permanece, e está disposta a estender a mão e nos receber quando retornamos. Esse, a não ser que eu esteja errado, é o significado do dito obscuro, que o batismo é o primeiro dos sacramentos e a base de todos eles, sem o qual não se pode possuir nenhum dos outros.

As 95 teses e a essência da igreja

Não será de pouco proveito para o penitente, antes de outra coisa, recordar seu batismo, e lembrar da promessa divina da qual ele se afastou, e se regozijar, pois ele ainda está em uma fortaleza de segurança, por ter sido batizado, detestar a própria ingratidão ímpia por ter se afastado da fé e da verdade do batismo. Seu coração será maravilhosamente confortado e encorajado a esperar por misericórdia se fixar os olhos na promessa divina feita uma vez, promessa que não pode mentir e que permanece a mesma, sem mudança, e que nenhum dos seus pecados é capaz de mudar, como Paulo diz: "se somos infiéis, ele permanece fiel, pois não pode negar-se a si mesmo" (2Timóteo 2.13). A verdade de Deus o preservará, e, mesmo que todas as outras esperanças pereçam, esta, se ele crer, não falhará. Por meio da verdade, ele terá com o que se opor ao adversário insolente; uma barreira o protegerá do caminho dos pecados que perturbam sua consciência, e uma resposta ao terror da morte e do julgamento, e por fim ele terá consolação contra todo tipo de tentação, ao ser capaz de dizer: Deus é fiel à sua promessa, promessa da qual no batismo eu recebi o sinal. Se Deus é por mim, quem é contra mim?

Se os filhos de Israel, quando voltavam para Deus em arrependimento, antes de qualquer outra coisa relembravam o êxodo do Egito, e na lembrança voltaram-se para Deus, que os tirara de lá — lembrança tão frequentemente inculcada por Moisés e mencionada por Davi —, quanto mais devemos nós ter a lembrança do nosso êxodo do Egito e, nessa lembrança, regressar a ele, que nos trouxe de volta pelo lavar do novo nascimento. Isso podemos fazer no sacramento do pão e do vinho. Desde os tempos antigos, os três sacramentos — a penitência, o batismo e a ceia —, eram combinados no mesmo ato de culto, e um adicionava força aos outros.

Assim, lemos de certa virgem santa que, sempre que tentada, confiava em seu batismo apenas para defesa, dizendo, na mais resumida confissão: "Sou cristã". O inimigo sentiu a eficácia do batismo de imediato e da fé que dependia da verdade do Deus que faz a promessa, e fugiu da presença dela.[1]

Vemos então quão rico é o cristão, aquele que recebeu o batismo, pois, mesmo que ele quisesse, não poderia perder a salvação por nenhum pecado, não importa quão grande seja, a não ser que ele se recuse a crer; pois nenhum pecado pode condená-lo, a não ser a incredulidade. Se a fé do batizado na promessa divina permanece firme, ou é restaurada, todos os outros pecados são tragados de uma vez pela mesma fé; sim, pela verdade de Deus, porque ele não pode negar a si mesmo, se você o confessa e se apega com fé à promessa divina. A contrição e confissão de pecados e a satisfação por eles, e todo o esforço que pode ser projetado pelos homens, fugirão de você no momento de sua necessidade e o farão mais miserável que nunca, se você se esquecer dessa verdade divina e se apegar a coisas como essas. Pois tudo que for feito à parte da fé na verdade de Deus é vaidade e vergonha para a alma.

Vemos também quão falsa e perigosa é a ideia de que a penitência é a segunda tábua de salvação depois do naufrágio, e quão pernicioso é o erro de supor que a virtude do batismo chega ao fim pelo pecado, e que o navio foi despedaçado. O navio permanece sólido e indestrutível, e jamais poderá ser dividido em diferentes partes. Todos os que embarcam no navio são levados ao

---

[1] Lutero conta essa história, com ligeiras variações, em vários de seus textos e sermões. O "inimigo" mencionado é o Diabo, que teria aparecido para uma freira, tentando-a. [N. do T.]

porto da salvação, pois a verdade de Deus nos outorga a promessa nos sacramentos. Acontece, sem dúvida, que muitos caem do navio e perecem; eles abandonam a fé na promessa e caem no pecado. Mas o navio segue o curso em segurança, e qualquer que pela graça de Deus a ele voltar nascerá para a vida, não em uma prancha, mas na solidez do navio. Esse é o homem que retorna pela fé à promessa divina. Por isso Pedro acusa os pecadores por terem se esquecido da purgação dos antigos pecados (2Pedro 1.9), sem dúvida reprovando sua ingratidão pelo batismo recebido e a impiedade da sua incredulidade.

Que proveito há então em escrever tanto a respeito do batismo e não ensinar a fé na promessa? Todos os sacramentos foram instituídos com o propósito de alimentar a fé, mas eles estão ainda tão distantes de atingir o objetivo, pois há homens ímpios o bastante para afirmar que ninguém pode ter certeza da remissão dos pecados ou da graça sacramental. Por essa doutrina ímpia, privam todo o mundo de seu sentido e extinguem ou, pelo menos, reduzem o sacramento do batismo à servidão, na qual permanece a primeira glória da nossa consciência. Enquanto isso, eles perseguem com impiedade almas desgraçadas com contrições, confissões ansiosas, circunstâncias, satisfações, obras e uma infinidade de trivialidades semelhantes. Leiamos então com cautela, ou melhor, desprezemos o "Mestre das Sentenças" (Livro IV), com todos os seus seguidores.[2] O melhor que eles fazem é escrever apenas sobre a matéria e a forma dos sacramentos, lidando apenas com a vã e moribunda

---

[2] O "Mestre das Sentenças" mencionado por Lutero é Pedro Lombardo, teólogo escolástico do século XII, autor do *Livro das sentenças*, o mais importante texto de ensino de teologia do período medieval. [N. do T.]

letra dos sacramentos, mas nem tocam no espírito, na vida e no uso deles, isto é, a verdade da promessa divina e a fé que devemos ter.

Assim, não seja enganado pela apresentação de obras, e pelas falácias das tradições humanas, que deturpam a palavra de Deus e sua própria fé. Se você quer ser salvo, deve ter fé nos sacramentos, sem qualquer tipo de obras. Sua fé será seguida pelas obras, mas você não deve fazer da fé algo de menor valor, pois ela é em si a mais excelente e a mais difícil de todas as obras, e apenas pela fé você será salvo, mesmo que seja obrigado a ser privar das demais obras. Pois isso é obra de Deus, não do homem, como Paulo ensina. Todas as outras obras ele realiza conosco e por nós, mas essa ele realiza em nós e sem nós.

Do que foi dito, devemos distinguir com clareza a diferença entre o ministro humano e Deus, o autor do batismo. O homem batiza e não batiza; ele batiza porque realiza a obra de mergulhar a pessoa, mas ele não batiza porque nessa obra ele não age pela própria autoridade, mas no lugar de Deus. Deve-se receber o batismo da mão do homem como se fosse o próprio Cristo, isto é, Deus mesmo, que estivesse nos batizando. Pois não é batismo humano, mas de Cristo e de Deus, ainda que o recebamos da mão do homem. Na verdade, o que quer que desfrutemos por meio de outras criaturas, isso procede de Deus. Cuidado ao estabelecer qualquer distinção no batismo, como atribuir o rito exterior ao homem e a bênção interior a Deus. Atribua os dois só a Deus e considere o ministrante do batismo de nenhuma outra maneira que de instrumento vicário e divino, por meio do qual o Senhor, que se assenta nos céus, o mergulha na água com as mãos dele e promete a remissão dos seus pecados na terra, falando a você com voz humana pela boca do ministro.

As próprias palavras do ministro o afirmam, quando ele diz: "Eu o batizo em nome do Pai, e do Filho e do Espírito Santo. Amém". Ele não diz: "Eu o batizo em meu nome", mas diz, como deve ser: "O que faço, não o faço por autoridade minha, mas no lugar e em nome de Deus, e você deve olhar para isso como se o Senhor mesmo o fizesse em forma visível. O Autor e o ministro são diferentes, mas a obra de ambos é a mesma, ou melhor, é obra apenas do Autor, por intermédio do meu ministério". Na minha opinião, a expressão "em nome" se relaciona com a pessoa do Autor, de modo que não apenas é o nome do Senhor invocado no realizar da obra, mas a obra em si é realizada, como sendo outra, em nome e no lugar de outro. Pela mesma forma Cristo diz: " 'Pois muitos virão em meu nome [...]' " (Mateus 24.5). E também é dito: "Por meio dele e por causa do seu nome, recebemos graça e apostolado [...]" (Romanos 1.5).

Adoto essa visão com muita alegria, porque é algo pleno de consolação, e um auxílio efetivo à fé, saber que fomos batizados não por um homem, mas pela própria Trindade por intermédio de um homem, que age para conosco em nome da Trindade. Isso dá fim à disputa tola que se deu a respeito da "forma" do batismo — como eles chamam as palavras em si: os gregos dizendo "Que o servo de Cristo seja batizado", e os latinos, "Eu batizo". Outros há que em sua insignificância pedante condenam o uso da expressão "Eu o batizo em nome de Jesus Cristo" — ainda que seja certo que os apóstolos batizavam dessa maneira, como se lê em Atos dos Apóstolos — e dizem que não há outra forma válida que a que diz: "Eu o batizo em nome do Pai, e do Filho e do Espírito Santo". Mas eles lutam em vão e não provam nada; apenas manifestam seus sonhos. Qualquer que seja a maneira pela qual o batismo é ministrado, desde que seja ministrado não em nome de um homem, mas em nome do Senhor, verdadeiramente nos salva. Não tenho dúvida de que se o homem recebeu o batismo em nome do Senhor, mesmo tendo sido de um ministro ímpio, que não o fez em nome do Senhor, ele ainda poderia ser verdadeiramente batizado em nome do Senhor. Pois a eficácia do batismo não depende da fé de quem o confere, mas de quem o recebe. Por isso lemos um exemplo de certo jogador que foi batizado como forma de zombaria. Essas e outras questões semelhantes nos têm sido feitas pelos que não atribuem valor à fé, mas todo o valor a obras e cerimônias. Pelo contrário, não devemos nada às cerimônias e tudo só à fé, que nos liberta em espírito de todas essas fantasias e escrúpulos.

Outra coisa pertencente ao batismo é o sinal ou sacramento: o mergulhar em água, do qual ele retira seu nome. Pois em grego batizar significa mergulhar, e o batismo é um mergulho. Já dissemos que, lado a lado com as promessas divinas, os sinais também nos são dados, para representar por uma figura o significado das palavras da promessa, ou, como os modernos dizem, os sacramentos têm um significado eficiente. Veremos seu significado. Muitos pensaram que na palavra e na água há alguma virtude espiritual oculta, que opera a graça divina na alma de quem recebe o batismo. Outros o negam, declarando não haver virtude nos sacramentos e que a graça é concedida só por Deus, que, de acordo com sua aliança, faz-se presente nos sacramentos por ele mesmo instituídos. Mas todos concordam que os sacramentos são sinais eficientes de graça. Eles chegam à conclusão por este argumento: se fossem apenas sinais, aparentemente os sacramentos da nova lei não seriam mais importantes que os da antiga. Se eles tivessem sido levados a atribuir eficácia aos sacramentos da nova lei, que eles afirmaram ser de proveito até para quem está em pecado mortal, e ainda que nem a fé nem a graça são requisitos, mas que é suficiente que não coloquemos qualquer impedimento no caminho, isto é, qualquer propósito real de pecar de novo.

Devemos evitar com cuidado as doutrinas e fugir delas, pois são ímpias e incrédulas, repugnantes à fé e à natureza dos sacramentos. É um erro supor que os sacramentos da nova lei diferem dos da antiga no que tange à eficácia do significado. Ambos estão em igualdade quanto ao seu significado, pois o mesmo Deus que nos salva pelo batismo e pela ceia salvou Abel por seu sacrifício, Noé pela arca, Abraão pela circuncisão e os outros patriarcas por sinais próprios. Não há diferença entre um sacramento da antiga lei e da nova lei, no que tange ao significado, desde que entendamos pela antiga lei como Deus lidou com os patriarcas e outros pais nesse período. Os sinais dados aos patriarcas e pais são de todo distintos das figuras legais instituídas na lei por Moisés, como os ritos do sacerdócio sobre vestimentas, vasilhames, alimentos, casas e outros mais. Eles são tão diferentes quanto possíveis, não apenas dos sacramentos da nova lei, mas também dos sinais dados por Deus de tempo a tempo aos pais que viveram sob a lei, como o sinal dado a Gideão no novelo, a Manoá no sacrifício, e também o oferecido por Isaías a Acaz. De forma idêntica, em todos esses casos, foi outorgada uma promessa demandando fé em Deus.

Nisso as figuras da lei diferem de sinais antigos ou novos, no sentido de que elas não têm anexada a palavra da promessa, que exige fé; portanto, não há sinais da justificação, pois não são sacramentos de fé, que justificam, apenas sacramentos de obras. Toda a sua força e natureza repousam nas obras, não na fé, pois quem os fez os cumpriu, mesmo que a obra não tenha sido acompanhada pela fé. Já os nossos sinais ou sacramentos, e os dos pais, têm a eles anexada uma palavra de promessa, que demanda fé, e não podem ser cumpridos por nenhuma outra obra. São sinais ou sacramentos da justificação, pois constituem sacramentos da fé justificadora, não das obras, para que toda a sua eficácia resida na fé em si, não nas obras. Então quem crê os cumpre, mesmo que não pratique nenhuma obra. Daí a afirmação: não é o sacramento, mas a fé no sacramento que justifica. A circuncisão não justificou Abraão e sua descendência; mesmo assim, o apóstolo a chamou de selo da justiça da fé, porque a fé na promessa com a qual a circuncisão estava ligada justificou e cumpriu seu significado. A fé jazia na circuncisão do coração em espírito, exemplificada pela circuncisão da carne na letra. É evidente que o sacrifício de Abel não o justificou — mas sim a fé pela qual ele se ofereceu por inteiro a Deus —, e o sacrifício exterior era figura dessa fé.

O batismo não justifica nem é de proveito para ninguém, mas a fé na palavra da promessa à qual o batismo está ligado, pois é isso que justifica, e cumpre o significado do batismo. Pois a fé é o mergulhar do velho homem e o emergir do novo homem. Os novos sacramentos não são diferentes dos antigos, pois ambos têm promessas divinas e o mesmo espírito de fé, mas diferem de modo incomparável das antigas *figuras*, por causa da palavra da promessa — o único e mais eficiente meio de diferença. No presente, a pompa de vestimentas, localidades, alimentos e uma infinita variedade de cerimônias figuram, sem dúvida obras excelentes a serem cumpridas no espírito; e como nenhuma palavra da promessa divina lhes está conectada, eles não podem de modo algum ser comparados aos sinais do batismo e da ceia. Nem podem justificar os homens ou serem de proveito a eles de qualquer maneira, pois seu cumprimento repousa na própria prática ou atuação deles sem fé, pois, quando são feitos ou realizados, cumprem-se. Por isso o apóstolo diz: "Todas essas coisas estão destinadas a perecer pelo uso, pois se baseiam em mandamentos e ensinos humanos" (Colossenses 2.22). Os sacramentos não são cumpridos por serem realizados, mas por serem cridos.

Logo, não é verdade a existência de poder eficiente e inerente aos sacramentos para produzir a justificação, ou que eles são sinais eficazes de graça. Isso se diz por conta da ignorância da promessa divina e em grande detrimento da fé; a não ser, de fato, que os chamemos de eficazes nesse sentido, que, se junto com eles houver a fé não vacilante, eles conferem graça de forma certa e eficiente. No entanto, evidencia-se não ser esse tipo de eficácia que os escritores lhes atribuem pelo fato de afirmarem que os sacramentos são proveitosos a todos os homens — mesmo para os ímpios e incrédulos —, e eles não apresentam nenhum tipo de obstáculo, como se a incredulidade não fosse o obstáculo mais persistente e hostil à graça. Assim, esforçam-se para fazer do sacramento um preceito, e da fé, uma obra. Pois se o sacramento me confere graça, apenas porque eu o recebo, então é certo que por minha obra, não pela fé, obtenho a graça, e não apreendo qualquer promessa no sacramento, mas apenas o sinal instituído e ordenado por Deus. É evidente disso quão completamente os sacramentos são interpretados de forma errônea por esses teólogos das *Sentenças*, pois eles não fazem conta da fé nem da promessa nos sacramentos, mas se apegam apenas ao sinal e ao uso do sinal, e nos desviam da fé para as obras, da palavra para o sinal. Como já afirmei, eles não só reduziram os sacramentos à servidão; fizeram mais: acabaram com eles.

Abramos os olhos, e aprendamos a olhar mais para a palavra que para o sinal, mais para a fé que para a obra ou o uso do sinal, e entendamos que onde há a promessa divina exige-se a fé, e que as duas coisas são necessárias, e uma não tem efeito sem a outra.

Não se pode crer, a menos que se tenha a promessa, e a promessa não será eficiente sem a crença nela; enquanto essas duas agem, produzem eficácia real e certa nos sacramentos. Daí que buscar eficácia no sacramento de modo independente da promessa e da fé significa lutar em vão e cair em condenação, pois Cristo diz: " 'Quem crer e for batizado será salvo, mas quem não crer será condenado' " (Marcos 16.16). Ele assim demonstra que no sacramento a fé é tão necessária que pode nos salvar mesmo sem o sacramento, e por causa disso ele disse "quem não crer", mas não disse "quem não crer e não for batizado".

O batismo significa duas coisas, morte e ressurreição, isto é, justificação plena e completa. Quando o ministro mergulha a criança na água, o ato significa morte, e quando a tira da água, significa vida. Paulo assim explica a questão: "Portanto, fomos sepultados com ele na morte por meio do batismo, a fim de que, assim como Cristo foi ressuscitado dos mortos mediante a glória do Pai, também nós vivamos uma vida nova" (Romanos 6.4). A essa morte e ressurreição, chamamos nova criação, regeneração, nascimento espiritual, e essas palavras não devem ser entendidas apenas em sentido alegórico, como muitos fazem, da morte do pecado e a vida da graça, mas de uma morte e ressurreição reais. Pois o batismo não tem significado fictício, nem o pecado morre e a graça se levanta plenamente em nós até que o corpo de pecado que carregamos na vida seja destruído. Pois, como o apóstolo diz, enquanto estamos na carne, os desejos da carne atuam em nós. Daí, quando começamos a acreditar, cremos ao mesmo tempo que morremos para o mundo e vivemos para Deus na vida futura, pois a fé é verdadeiramente uma morte e ressurreição, isto é, um batismo espiritual no qual somos submergidos e emergimos.

Quando o lavar dos pecados é atribuído ao batismo, a atribuição está correta, mas o significado da expressão é muito leve e fraco para designar o batismo de forma plena — um símbolo, antes, de morte e ressurreição. Por essa razão, eu desejaria que o batizado fosse totalmente imerso, de acordo com o significado da palavra e a significação do mistério; não que eu pense ser necessário proceder assim, mas seria bom que algo tão perfeito e completo como o batismo tenha seu sinal também em completitude e perfeição, pois foi sem dúvida instituído por Cristo. Pois o pecador não precisa ser purificado e morrer, para sua renovação e transformação em outra criatura, para haver assim a correspondência nele com a morte e ressureição de Cristo, com quem o batizando morre e ressuscita no batismo. Pois, ainda que possamos dizer que Cristo foi lavado de sua mortalidade quando morreu e ressuscitou, essa é uma expressão mais fraca que alegar sua mudança e renovação totais, e assim há mais intensidade em dizer que a morte e a ressurreição para a vida eterna nos são significadas pelo batismo que em dizer que somos lavados do pecado.

Mais uma vez vemos que o sacramento do batismo, mesmo com respeito ao sinal, não é mera questão do momento, mas tem caráter permanente. Pois, ainda que o ato do batismo em si passe rápido, a coisa significada dura até a morte, mais ainda, até a ressurreição do último dia. Pois enquanto vivemos estamos sempre fazendo o que é significado pelo batismo, ou seja, morremos e ressuscitamos. Estamos morrendo, eu digo, não apenas nas afeições e em sentido espiritual, pela renúncia do pecado e da vaidade mundana, mas no sentido de que já começamos a deixar a vida corporal e a apreender a vida futura, para que haja uma passagem (como eles dizem) real e corporal deste mundo para o Pai.

Devemos, portanto, nos livrar do erro de quem reduziu o efeito do batismo a dimensões pequenas e delgadas que, embora digam que a graça é infundida por ele, asseveram que a graça é mais tarde, por assim dizer, difundida pelo pecado, e que então devemos ir para o céu por algum outro meio, como se o batismo agora tivesse se tornado de todo inútil. Não julgue isso, mas entenda que o significado do batismo é tal que você pode viver e morrer nele; e que nem pela penitência nem por qualquer outro meio pode-se fazer nada, mas é preciso retornar ao efeito do batismo, e passar pela renovação para fazer o que você foi batizado para fazer e o que seu batismo significa. O batismo nunca perde o efeito, a não ser que em desespero você se recuse a voltar para a salvação. Por um tempo é possível se afastar do sinal, mas o sinal não perde o efeito. Você foi batizado sacramentalmente de uma vez por todas, mas é preciso ser batizado de modo contínuo pela fé, e é necessário morrer e viver repetidas vezes. O batismo tragou todo o seu corpo e o trouxe de volta de novo; assim, a substância do batismo deve tragar toda a sua vida, em corpo e alma, e entregá-la de volta no último dia, revestida de brilho e imortalidade. Assim, nunca estamos sem o sinal e a substância do batismo, isto é, devemos continuamente ser batizados mais e mais, até que cumpramos o pleno significado do sinal no último dia.

Vemos então que, independentemente do que fizermos na vida para mortificar a carne e vivificar o espírito ligado ao batismo, logo estaremos livres da vida, o mais rapidamente que cumprirmos o significado do nosso batismo, e, quanto maiores forem os sofrimentos enfrentados, mais felizmente responderemos aos propósitos do batismo. A igreja estava nos dias mais felizes quando mártires eram entregues à morte todos os dias e contados como ovelhas para o matadouro, pois então a virtude do batismo reinou com pleno poder, ainda que hoje a tenhamos perdido por completo de vista, por causa da multidão de doutrinas e obras humanas. Toda a nossa vida deve ser um batismo, e cumprir o sinal ou sacramento do batismo, pois fomos libertos de todas as outras coisas e entregues somente ao batismo, isto é, à morte e ressurreição.

A quem podemos atribuir a culpa de nossa gloriosa liberdade e do conhecimento do batismo atualmente em escravidão, a não ser à tirania do pontífice romano? Ele, mais que todos os homens, que se tornou o pastor principal, deveria ser o pregador e garantidor da liberdade e do conhecimento, como Paulo diz: "Portanto, que todos nos considerem servos de Cristo e encarregados dos mistérios de Deus" (1Coríntios 4.1). Mas seu único objetivo é nos oprimir, por seus decretos e leis, e nos enredar na escravidão a seu poder tirano. Sem falar da maneira ímpia e condenável pela qual o papa fracassa em ensinar esses mistérios. E eu pergunto: com que direito ele estabeleceu essas leis sobre nós? Quem deu a ele autoridade para reduzir nossa liberdade outorgada pelo batismo à escravidão? Um propósito, tenho dito, devemos manter em toda a nossa vida, isto é, sermos batizados, ou seja, sermos mortificados e viver pela fé em Cristo. Só a fé deveria ter sido ensinada, acima de tudo, pelo pastor principal. Mas hoje nem uma palavra é dita a respeito da fé, e a igreja é esmagada por um número infinito de leis concernentes a obras e cerimônias; a virtude e o conhecimento do batismo foram jogados fora, e a fé em Cristo é estorvada.

Digo que nem o papa, nem os bispos, nem ninguém têm o direito de dizer uma sílaba que prenda o cristão, a não ser que seja algo feito com seu próprio consentimento. O que for feito de outra maneira é feito em espírito de tirania, e assim as orações, os jejuns, as esmolas e tudo mais que o papa ordena e exige em todo o conjunto dos seus tantos decretos iníquos ele não tem nenhum direito de exigir e ordenar e peca contra a liberdade da igreja sempre que tenta fazer algo do gênero. Por isso, conquanto os líderes eclesiásticos de hoje sejam defensores extremados da liberdade da igreja, isto é, de madeira, pedra, terrenos e dinheiro (pois hoje as coisas eclesiásticas são sinônimas de coisas espirituais), eles, por seu falso ensinamento, trazem não apenas escravidão à liberdade verdadeira da igreja, mas a destroem por completo, mais que os turcos, e de modo contrário ao pensamento do apóstolo, ao afirmar que não devemos ser escravos dos homens (1Coríntios 7.23). Mas nós somos feitos de fato servos dos homens: estamos sujeitos às suas leis e ordenanças tirânicas.

Essa tirania ímpia e brutal é ajudada pelos discípulos do papa, que distorcem e pervertem a palavra de Cristo: " 'Aquele que dá ouvidos a vocês está me dando ouvidos [...]' " [Lucas 10.16]. Eles dizem essas palavras como base para suas próprias tradições, enquanto o dito foi endereçado por Cristo aos apóstolos quando eles iam pregar o evangelho, e por isso deve ser entendido como referência apenas ao evangelho. Mas esses homens deixam o evangelho fora de vista com suas invenções. Cristo disse: " 'As minhas ovelhas ouvem a minha voz, mas nunca seguirão um estranho' ".[3] Por essa razão o evangelho nos foi passado, para que os pontífices pudessem proclamar a voz de Cristo, mas proclamam apenas as vozes deles, e estão determinados a ser ouvidos. O apóstolo também diz dele mesmo que não foi enviado para batizar, mas para pregar o evangelho; assim como nenhum homem é obrigado a receber as tradições

---

[3] Lutero faz uma "montagem", citando João 10.5,27. [N. do T.]

do pontífice, nem o ouvir, exceto quando ele ensina o evangelho e Cristo, e ele não deve ensinar nada, a não ser a fé livre de amarras. E como Cristo diz: "quem dá ouvidos a vocês me dá ouvidos", por que o papa também não ouve os outros? Cristo não disse apenas a Pedro: "Quem ouvir você". Por fim, onde há verdadeira fé, há também necessidade da palavra da fé. Por que então o papa descrente não ouve este servo crente que tem a palavra da fé? Cegueira, a cegueira reina entre os pontífices.

Mas outros, de forma muito mais desavergonhada, arrogam ao papa o poder de criar leis, argumentando com base nas palavras de Cristo: " '[...] o que você ligar na terra terá sido ligado nos céus, e o que você desligar na terra terá sido desligado nos céus' " (Mateus 16.19). Cristo fala de ligar e desligar pecados, não de trazer toda a igreja em cativeiro e criar leis para oprimi-la. Então a tirania papal age em todas as coisas com a falsidade máxima, enquanto luta e perverte as palavras de Deus. Admito que os cristãos devem resistir a essa tirania maldita, como fariam com qualquer outra violência que lhes fosse feita pelo mundo, de acordo com as palavras de Cristo: " '[...] Se alguém o ferir na face direita, ofereça-lhe também a outra' " (Mateus 5.39). Mas eu reclamo do fato de pontífices ímpios se orgulharem de ter poder para agir assim, e fingem que eles, em sua Babilônia, trabalham pelos interesses da cristandade — e persuadiram todos os homens a adotar essa ideia. Se fizeram essas coisas com impiedade e tirania consciente e declarada, ou se apenas persistiram na violência, devemos considerar as vantagens concedidas pela mortificação da vida e o cumprimento do batismo e reter o pleno direito de nos gloriarmos com consciência do erro cometido. Eles desejam nos aprisionar a consciência na questão da liberdade para que creiamos que tudo que eles fazem é bem feito, e que consideremos ilegítimo culpar suas ações iníquas ou reclamar delas. Sendo lobos, desejam parecer pastores; sendo anticristos, desejam ser honrados como Cristo.

Choro por causa da liberdade e da consciência e proclamo com confiança que nenhum tipo de lei pode com justiça ser imposta aos cristãos — por homens ou anjos —, a não ser que eles mesmos o façam, pois somos livres de todos. Se tais leis nos são impostas, devemos resistir para preservar a consciência da nossa liberdade. Devemos saber e protestar com firmeza contra o dano que está sendo causado à liberdade, ainda que possamos até mesmo nos gloriar do erro, não nos importando em justificar o tirano nem em reclamar da tirania. "Quem há de maltratá-los, se vocês forem zelosos na prática do bem?" (1Pedro 3.13). Todas as coisas cooperam para o bem dos eleitos de Deus. Mas há poucos que entendem a glória do batismo e a felicidade da liberdade cristã, ou podem entendê-las pela tirania do papa — da minha parte deixo livre minha mente e entrego minha consciência, ao declarar em alto e bom som ao papa e a todos os papistas que, a não ser que eles lancem fora suas leis e tradições, restaurem a liberdade de todas as igrejas de Cristo e façam que a liberdade seja ensinada, são culpados da morte de todas as almas que perecem nessa escravidão miserável, e que o papado não é outra coisa senão o reino da Babilônia e do próprio anticristo. Pois quem é o homem do pecado e o filho da perdição, a não ser quem por seu ensino e suas ordens aumenta o pecado e a perdição das almas na igreja, na qual se assenta como se fosse Deus? Tudo isso foi durante muito tempo cumprido pela tirania papal. Ela extinguiu a fé, obscureceu os sacramentos, esmagou o evangelho, enquanto multiplicou as próprias leis sem fim, que são não apenas ímpias e sacrílegas, mas também ignorantes e bárbaras.

Contemple a miséria da nossa escravidão: "Como está deserta a cidade, antes tão cheia de gente! Como se parece com uma viúva, a que antes era grandiosa entre as nações! A que era a princesa das províncias agora tornou-se uma escrava. Chora amargamente à noite, as lágrimas rolam por seu rosto. De todos os seus amantes nenhum a consola. Todos os seus amigos a traíram; tornaram-se seus inimigos" (Lamentações 1.1,2). Atualmente há tantas ordenanças, tantos ritos, tantas festas, profissões e obras ocupando a mente dos cristãos que eles se esquecem do batismo. Por essa multidão de gafanhotos, lagartas e larvas ninguém é capaz de se lembrar de que foi batizado, ou do que obteve no batismo. Devemos ser como crianças quando são batizadas, que, não tendo preocupação com zelo ou obras, estão livres de todas as coisas e descansam em segurança apenas na glória do batismo. Nós também somos bebês em Cristo e definitivamente batizados.

Em oposição ao que eu disse, um argumento que talvez seja levantado do batismo de crianças: que não recebem a promessa divina nem têm fé no batismo; e se dirá que a fé não é requisito, ou as crianças são batizadas em vão. A isso replicarei o que todos os homens dizem, que as crianças são auxiliadas pela fé alheia, isto é, de quem as traz ao batismo. Pois, como a pregação da palavra divina é poderosa o bastante para mudar o coração do homem ímpio, isso não é menos destituído de sentido e de sentimento que qualquer criança, de modo que mediante as orações da igreja que leva a criança à fé, e pela oração tudo é possível, a criança é mudada, limpa e renovada pela fé que lhe é infundida. Não devo duvidar nem que um adulto ímpio, se a igreja orar por ele, poderia realizar uma mudança em qualquer dos sacramentos, como lemos no Evangelho sobre o paralítico curado pela fé alheia. Nesse sentido, eu também de pronto admito que os sacramentos da nova aliança são eficientes para a concessão da graça não apenas dos que não põem nenhum obstáculo no caminho, mas sobre os obstinados que o fazem. Que dificuldade a fé da igreja não pode resolver? Estêvão converteu o apóstolo Paulo por esse poder. Mas nesses casos os sacramentos fazem o que fazem não por virtude própria, mas pela fé, sem a qual, tal como já afirmei, eles não têm nenhum efeito.

Tem sido levantada a questão se a criança não nascida, da qual só uma mão ou um pé aparece, pode ser batizada. Quanto a isso não posso emitir nenhum julgamento apressado e confesso minha ignorância. Nem sei se a razão pela qual eles baseiam sua opinião é suficiente, isto é, que a alma existe em cada parte do corpo, pois não é a alma, mas o corpo exteriormente batizado. Não posso afirmar, como alguns o fazem, que quem não nasceu não pode nascer de novo, e sei que este é um argumento muito forte. Deixo a questão à decisão do Espírito e gostaria que todos fossem plenamente persuadidos em sua mente.

Acrescentarei uma coisa, e gostaria de persuadir todos, a saber, que todos os votos, sejam de ordens religiosas, peregrinações, ou de obras de qualquer tipo, devem ser eliminados, ou pelo menos evitados, e que devemos permanecer na liberdade do batismo, pleno como é de observâncias religiosas e boas obras. É impossível expressar o que a crença nos votos retira do batismo, e obscurece o conhecimento da liberdade cristã, sem mencionar o perigo indizível e infinito às almas — diariamente aumentado pela paixão imoderada por votos e a precipitação irracional em fazê-los. Ó bispos ímpios e pastores infelizes, que dormem e se divertem com os próprios desejos enquanto não têm piedade das graves e perigosas aflições de José!

As 95 teses e a essência da igreja

Seria bom se, por um edito geral, os votos fossem eliminados, em especial os perpétuos, e que todos os homens fossem convocados aos votos batismais, ou pelo menos que fossem admoestados a não os fazerem com precipitação, e não apenas não os fazer, mas apresentar atrasos e dificuldades para que sejam feitos. Fazemos um grande voto no batismo, maior do que podemos cumprir, e teremos o bastante para fazer se nos esforçarmos apenas em relação a esse voto. Mas atravessamos agora terra e mar para fazer prosélitos, enchemos o mundo com sacerdotes, monges e freiras, e os aprisionamos em votos perpétuos. Encontraremos os argumentadores sobre o ponto, dizendo que obras realizadas sob a sanção votiva são melhores que as feitas de forma independente delas, e que elas são preferidas no céu, e receberão recompensa maior. Fariseus ímpios e cegos! Quem mede a justiça e a santidade pela grandeza e pelo número de obras, ou por qualquer outra qualidade nelas, enquanto à vista de Deus elas são medidas só pela fé, pois aos olhos dele não há diferença entre as obras, só há diferença quanto à fé.

Com essa conversa, homens ímpios formam uma opinião muito grande a respeito de suas invenções para enganar a multidão sem razão, facilmente levada por uma demonstração especiosa de obras, para a ruína da fé, o esquecimento do batismo e prejuízo da liberdade cristã. Como o voto é um tipo de lei e exige uma obra, segue-se que, como os votos são multiplicados, as leis e as obras são multiplicadas, e por essa multiplicação a fé é extinguida, e a liberdade do batismo é reduzida à escravidão. Não contente com esses enganos ímpios, outros vão ainda mais longe, afirmando que a entrada em uma ordem religiosa é como um novo batismo, que pode ser sucessivamente renovado, com tanta frequência como se renova o propósito da vida religiosa.

Assim, os devotos atribuem a si mesmos justiça, salvação e glória e deixam aos batizados sem nenhum espaço para a comparação consigo. O pontífice romano, fonte e autor de todas as superstições, confirma, aprova e abrilhanta essas ideias com bulas e indulgências bem formuladas, e ninguém pensa que o batismo é ao menos digno de menção. Por conta dessas demonstrações espetaculosas, eles facilmente levam o povo de Cristo a qualquer turbilhão de erros que quiserem, de modo que, ingratos ao batismo, imaginam poder fazer melhor por suas palavras que outros pela fé.

Também Deus, inflexível com inflexíveis, resolvendo vingar-se do orgulho e da ingratidão desses devotos, causa-lhes o fracasso em cumprir seus votos, ou guardá-los com grande esforço e a continuar imerso neles, sem se tornar conhecido a eles com a graça da fé e do batismo. Como o espírito deles não é certo com Deus, ele lhes permite continuar até o fim com a hipocrisia e a se tornar motivo de zombaria para todo o mundo, sempre buscando a justiça e nunca a alcançando, para que cumpram a palavra: "Sua terra está cheia de ídolos [...]" (Isaías 2.8).

Sem dúvida, não devo proibir ou fazer objeção a qualquer voto que um homem faça por livre e espontânea vontade. Também não desejo condenar ou depreciar os votos, mas meu conselho seria contra o estabelecimento público ou confirmação de qualquer modo de vida. É bastante que cada homem tenha liberdade para fazer votos particulares à própria custa. Mas considero algo pernicioso para a igreja e todas as almas simples que haja um sistema público de vida sob o qual votos sejam inculcados de maneira arbitrária. Em primeiro lugar, não é de pouca repugnância para a vida cristã que um voto seja do tipo da lei cerimonial — uma questão da tradição ou invenção humanas, da qual a igreja foi libertada pelo batismo, pois o cristão não está preso por nenhuma lei, exceto a lei de Deus. Além do mais, não há exemplo disso nas Escrituras, em especial quanto ao voto da castidade perpétua, obediência e pobreza. Por isso, o voto do qual não temos exemplo nas Escrituras é algo perigoso, e não deve ser imposto a ninguém, muito menos estabelecido como lugar-comum e modo público de vida, mesmo que a todos os cristãos fosse permitido se aventurar à própria custa, se assim o quisesse. Algumas obras são operadas pelo Espírito apenas em alguns poucos, e elas não devem de modo algum ser trazidas como exemplo ou estilo de vida.

Temo muito que esses sistemas de vida sob votos religiosos sejam como as coisas das quais o apóstolo predisse: "Tais ensinamentos vêm de homens hipócritas e mentirosos, que têm a consciência cauterizada e proíbem o casamento e o consumo de alimentos que Deus criou para serem recebidos com ação de graças pelos que creem e conhecem a verdade" (1Timóteo 4.2,3). Que ninguém cite contra mim o exemplo de São Bernardo, São Francisco, São Domingos e outros criadores e apoiadores de ordens religiosas. Deus é terrível e maravilhoso ao lidar com os filhos dos homens. Ele preservou Daniel, Ananias, Azarias e Misael como santos, mesmo sendo eles ministros no reino da Babilônia, isto é, em meio à iniquidade. Ele também santificou os homens dos quais falei, em seu modo de vida perigoso, e os guiou por uma obra especial do seu Espírito, mesmo que isso não constitua exemplo para os demais homens. É certo que nenhum deles foi salvo pelos próprios votos ou pela ordem religiosa, mas apenas pela fé, meio pelo qual todos os homens são salvos, mas essas servidões espetaculosas dos votos são particularmente hostis.

Quanto a essa questão, que cada um seja persuadido pela própria mente. Vou cumprir minha promessa, e falar a favor da liberdade da igreja e da glória do batismo, e declarar para o benefício geral o que aprendi com o ensino do Espírito. Em primeiro lugar, aconselho aos que estão em posições elevadas na igreja que acabem com todos os votos e práticas de viver sob esses votos, ou, pelo menos, não os aprovem nem louvem. Se não o fizerem, aconselho então com ênfase a quem deseja garantir sua salvação — em particular crianças e jovens — que se mantenham distantes de todos os votos, de modo especial dos perpétuos. Dou este conselho porque esse estilo de vida, como já disse, não tem evidência nas Escrituras ou exemplo nelas, mas se baseia apenas nas bulas dos pontífices, que são apenas homens; e porque eles levam os homens à hipocrisia por meio de sua singularidade e aparência espetaculosa, que aumenta o orgulho e o desprezo da vida cristã comum. Se não houvesse outro motivo para acabar com os votos, este seria o suficiente, que por eles a fé e o batismo são depreciados, e as obras são magnificadas. Agora elas não podem ser magnificadas sem consequências desastrosas, pois entre muitos milhares raramente há um que não olhe para as obras como membro de uma ordem religiosa que para a fé, e sob esse engano alegam superioridade sobre os outros, como mais estritos ou mais relaxados, como dizem.

Por isso não aconselho a ninguém e quero dissuadir qualquer homem de entrar para o sacerdócio ou para qualquer ordem religiosa, a não ser que seja alguém tão fortalecido com o conhecimento para entender que, não importa quão suaves e sagradas sejam as palavras dos sacerdotes ou dos membros de ordens religiosas, aos olhos de Deus eles não são diferentes de um lavrador trabalhando em sua lavoura ou de uma mulher atendendo aos seus afazeres domésticos. Diante dele, todas as coisas são avaliadas pela fé somente, como está escrito: "Quem confia na Lei obedece aos mandamentos, e quem põe sua confiança no Senhor não será prejudicado em nada" (*Eclesiástico* 32.24, NTLH-P).[4] Acontece com muita frequência que a obra comum de um servo ou lavrador é mais aceitável diante de Deus que todos os jejuns e obras de um monge ou sacerdote, quando feitas sem fé. É provável que os votos apenas aumentem o orgulho e a presunção dos homens quanto às suas obras, e temo que em nenhum lugar haja menos fé que na igreja e nos sacerdotes, monges e bispos, e esses homens sejam, na verdade, gentios e hipócritas, que se consideram a igreja, ou o próprio coração da igreja, pessoas espirituais e líderes eclesiásticos, quando na verdade estão muito longe de sê-lo. Eles são, na verdade, o povo do cativeiro, entre os quais todos os dons gratuitos concedidos no batismo foram reduzidos ao cativeiro, enquanto o pobre e pequeno povo da terra parece vil aos olhos deles.

Daí percebemos dois erros graves da parte do pontífice romano. O primeiro é que ele concede a dispensa de votos, e o faz como se apenas ele possuísse autoridade além da autoridade dos demais cristãos. A que ponto vai a ousadia e a audácia desses homens ímpios. Se um voto pode ser dispensado, qualquer irmão pode dispensar seu próximo, ou até a si mesmo. Se ele não pode conceder dispensas, o papa também não tem o direito de fazê-lo. De onde vem a autoridade

---

[4] Lutero cita um livro deuterocanônico (ou "apócrifo"). A posição de Lutero a respeito desses livros é interessante: ele não os considerava revelação divina, portanto como regra de fé e prática, mas como úteis em sentido histórico, ou como contendo bons conselhos para a vida. Portanto, na tradução da Bíblia em alemão, ele os publicou como uma espécie de adendo, entre o final do AT e o início do NT. O protestantismo posterior (séc. XVII), *em geral*, cem anos depois de Lutero, definiu a exclusão completa desses livros do cânon da Bíblia. [N. do T.] A tradução bíblica aqui utilizada é a versão católica da *Nova Tradução na Linguagem de Hoje* — edição Paulinas (Editora Paulinas: São Paulo, 2005). [N. do R.]

dele? Das chaves? Eles são comuns a todos e têm poder apenas sobre os pecados. Pois desde que o próprio papa confessa que os votos têm direito divino, por que ele engana e destrói as almas concedendo dispensas em questão de direito divino, que não admite dispensa? Ele fala muito da redenção dos votos e declara ter poder para mudá-los, como na lei antiga, quando a primeira cria de uma jumenta era resgatada por um cordeiro, como seu voto, que exige ser cumprido em toda parte e de modo constante, fosse a mesma coisa que a primeira cria de uma jumenta, ou, como se, porque Deus em sua própria lei ordenou que um jumentinho fosse resgatado por um cordeiro; o papa, por conseguinte, apenas um homem, tem o mesmo poder com respeito a uma lei que não é dele, mas de Deus. Não foi o papa que emitiu esse decreto, mas o jumentinho resgatado pelo papa, tão completamente louco e ímpio era ele.

O papa comete um segundo grande erro, ao decretar o rompimento do vínculo do casamento se uma das partes, mesmo contra a vontade da outra, deseja entrar em um mosteiro, desde que o casamento não tenha sido consumado. Qual é o Diabo que inspira esse portentoso decreto papal? Deus ordena aos homens que conservem a fé e observem a verdade de uns para com os outros, e que todo homem oferte do próprio sustento, pois ele odeia o roubo como oferta queimada, como declarou pela boca do profeta Isaías. O marido e a mulher devem fidelidade um ao outro — fidelidade que não pode ser dissolvida por nenhuma lei. Nenhum dos dois pode dizer: "Eu pertenço a mim mesmo", nem pode fazer o que quiser contra a vontade do outro, a não ser por roubo. Por que então não ter uma regra pela qual o homem que esteja devendo, se entra em uma ordem religiosa, seja liberto de suas dívidas e esteja em liberdade para negar esse compromisso? Seus cegos! Seus cegos!

O que é maior: a boa-fé, ordem de Deus, ou o voto, inventado e escolhido pelos homens? Ó papa, você é um pastor de almas? Vocês são doutores em sagrada teologia, vocês que ensinam dessa maneira? Por que então ensinam assim? Porque exaltam um voto como obra melhor que o casamento, mas isso não é fé, que por si só pode magnificar qualquer coisa que vocês magnificam, mas obras, que aos olhos de Deus não são nada, ou pelo menos são iguais no que tange ao mérito.

Não posso duvidar então que é certo formular votos, mas que nem homens nem anjos podem conceder a dispensa. Mas não fui capaz de convencer a mim mesmo de que todos os votos feitos hoje são justos, como a ridícula demonstração de insensatez, quando os pais devotam o filho ainda não nascido, ou uma criança pequena, à vida religiosa ou à castidade perpétua. Sem dúvida, não se trata de um voto justo; parece zombar de Deus, pois os pais fazem uma promessa sem a condição de cumprir. Eu me dirijo agora aos membros de ordens religiosas. Quanto mais eu penso nos três votos que fazem,[5] menos os entendo e mais fico impressionado com o fato de como a extorsão desses votos se tornou tão grande sobre nós. Menos ainda entendo em que período da vida esses votos devem ser tomados, para que sejam legítimos e válidos. Nisto todos nós concordamos: os votos tomados antes da puberdade não são válidos. Nessa questão eles enganam muitos jovens, que sabem muito pouco da própria idade e a respeito do que estão prometendo. A puberdade não é considerada quando os votos são feitos, mas se supõe que haverá consentimento, e o que os faz é mantido em escravidão,

---

[5] Os três votos mencionados por Lutero são os tradicionais votos feitos por integrantes de ordens religiosas católicas: pobreza, obediência ao papa e castidade. [N. do T.]

sendo devorado pelos escrúpulos terríveis da consciência, como se o voto, em si mesmo vazio, se tornasse válido com o passar do tempo.

    Considero tolice que qualquer limite a algo legítimo seja estabelecido por outros, que não podem ser estabelecidos no caso deles mesmos. Nem vejo por que um voto feito quando um rapaz tem 18 anos deva ser válido, mas não se feito quando contava 10 ou 12 anos. Não é o bastante dizer que aos 18 anos um homem sinta os impulsos da carne, que ele pouco sente com 12 ou 13 anos, ou os sente com mais força com 13 que com 12? Por que então um limite semelhante não é estabelecido nos votos de pobreza e obediência? Em que tempo designaremos que um homem se sinta avarento ou orgulhoso, quando os homens espiritualmente mais sensíveis têm dificuldade em detectar esses sentimentos em si mesmos? Nunca haverá voto seguro e legítimo até que tenhamos nos tornado de todo espirituais, e assim não precisaremos de votos. Vemos então que os votos são coisas incertas e perigosas. Seria salutar deixar esse estilo de vida tão elevado dos votos livre para cada um e de modo algum transformá-lo em algo perpétuo. Mas agora já falamos muito a respeito da questão do batismo e da liberdade. Talvez venha o tempo em que tratemos com mais detalhes sobre os votos, e em verdade eles precisam muito ser considerados.

Do sacramento da penitência

Nesta terceira parte, falarei do sacramento da penitência. Ofendi muita gente pelos tratos e disputas que publiquei sobre o assunto e expressei minha opinião de forma ampla. Devo agora resumidamente repetir essas declarações, para descobrir a tirania que nos ataca com tanta impiedade neste ponto como o faz com o sacramento da ceia. Nos dois sacramentos o ganho e o lucro encontram lugar; portanto, a avareza dos pastores contra o rebanho de Cristo atingiu uma proporção incrível, mesmo quando o batismo, como temos visto ao falar dos votos, tem sido obscurecido entre os adultos para servir aos propósitos da avareza.

O primeiro e mais importante mal ligado ao sacramento é que essas pessoas acabaram por completo com o próprio sacramento, dele não deixando nenhum vestígio. Esse sacramento, como os outros dois, consiste na palavra da promessa divina, por um lado, e na nossa fé, por outro; contudo, eles acabaram com uma e com a outra. Adaptaram para os propósitos da sua própria tirania a palavra da promessa de Cristo, que disse que o que ligarmos na terra será ligado no céu, e o que desligarmos na terra será desligado no céu (Mateus 16.19; 18.18) e outra vez: " 'Se perdoarem os pecados de alguém, estarão perdoados; se não os perdoarem, não estarão perdoados' " (João 20.23). Essas palavras têm o sentido de desafiar os penitentes à fé, para que possam buscar e obter a remissão dos pecados.

Mas esses homens, em todos os seus livros, escritos e discursos não tinham como objetivo explicar aos cristãos a promessa contida nessas palavras e lhes mostrar em que precisam crer e quanta consolação podem obter. Eles queriam estabelecer na maior extensão, altura e profundidade a própria tirania poderosa e violenta. Por fim, alguns começaram até a dar ordens aos anjos no céu e a se orgulhar, com incrível frenesi de impiedade, por terem recebido o direito de governar no céu e na terra e o poder de prender até mesmo no céu. Então eles não falam uma palavra a respeito da fé salvadora do povo, mas falam muito do poder tirano do pontífice, como se as palavras de Cristo não lidassem com o poder, apenas com a fé.

Cristo não instituiu principados, poderes e domínios em sua igreja, mas um ministério, como aprendemos com as palavras do apóstolo: "Portanto, que todos nos considerem servos de Cristo e encarregados dos mistérios de Deus" (1Coríntios 4.1). Quando Cristo disse: " 'Quem crer e for batizado será salvo [...]' ", ele quis convocar os que buscam o batismo à fé, para que, na força da palavra da promessa, o homem possa se assegurar de que, tendo crido e sido batizado, obterá a salvação. Nenhum tipo de poder é aqui concedido a seus servos, mas só ao ministério do batismo. Pela mesma forma, quando Cristo diz "tudo que ligardes", ele convoca os penitentes à fé, para que, na força dessa promessa, eles estejam certos de terem sido absolvidos no céu. Evidentemente, nada se diz aqui quanto ao poder, mas do ministério de absolvição. É estranho o bastante que esses homens cegos e arrogantes não tenham se arrogado algum poder tirânico dos termos da promessa batismal. Se não, por que eles presumiram fazê-lo da promessa ligada à penitência? Nos dois casos há um ministério igual, uma promessa parecida e o mesmo caráter no sacramento, e não pode ser negado que, se não devemos o batismo só a Pedro, é um tanto de tirania ímpia alegar o poder das chaves apenas ao papa.

Então quando Cristo também diz: "[...] 'Tomem e comam; isto é o meu corpo [dado por vocês]. [...] Bebam dele [do cálice] todos vocês. Isto é o meu sangue da aliança [...]' " [Mateus 26.26,27], ele quer convocar à fé quem come, para que sua consciência seja fortalecida pela fé nessas palavras, e que eles se sintam seguros de que, quando comem crendo, recebem a remissão dos pecados. Não há nada aqui que fale de poder, mas só de um ministério. A promessa batismal permanece conosco, pelo menos no caso das crianças, mas a promessa do pão e do cálice foi destruída, ou reduzida à servidão à avareza, e a fé foi transformada em obra, e o testamento em sacrifício. Assim também a promessa da penitência foi pervertida em tirania muito violenta e no estabelecimento de um domínio mais que temporal.

Não contente com isso, nossa Babilônia baniu por completo a fé, ao declarar sem o menor pudor sua desnecessidade nesse sacramento; isto é, em sua impiedade anticristã, ela declara uma heresia afirmar a necessidade da fé. O que essa tirania poderia ter feito e não fez? Em verdade, "Junto aos rios da Babilônia nós nos sentamos e choramos com saudade de Sião. Ali, nos salgueiros, penduramos as nossas harpas" (Salmos 137.1,2). Que o Senhor amaldiçoe os salgueiros estéreis daqueles rios! Amém. A promessa e a fé foram de todo destruídas, e vejamos como foram substituídas. Eles dividiram a penitência em três partes: contrição, confissão e satisfação, mas ao assim fazer tiraram o que é bom de cada uma destas e colocaram no lugar a própria tirania e seus caprichos.

Em primeiro lugar, eles ensinaram a contrição como anterior à fé na promessa e como não sendo uma obra de fé, mas de mérito, e assim não fazem menção à fé. Adicionam obras ao jejum, e em exemplos extraídos das Escrituras lemos de muitos que obtiveram perdão pela humildade e contrição do coração, mas nunca pensam da fé que produziu a contrição e tristeza de coração, como está escrito a respeito dos ninivitas: "Os ninivitas creram em Deus. Proclamaram um jejum, e todos eles, do maior ao menor, vestiram-se de pano de saco" (Jonas 3.5). Esses homens, piores e mais audaciosos que os de Nínive, inventaram uma "atrição" que, por virtude das chaves (das quais são ignorantes), pode se tornar contrição, e assim eles a concedem aos ímpios e descrentes e acabam por inteiro com a contrição. Ó insuportável ira de Deus, que tais coisas sejam ensinadas na igreja de Cristo. Tanto é assim que, tendo se livrado da fé e suas obras, caminhamos com desatenção nas doutrinas e opiniões dos homens ou, antes, perecemos nelas. O coração contrito é de fato grande coisa e só procede da fé sincera nas promessas e ameaças divinas — a fé que, contemplando a inabalável verdade divina, faz a consciência tremer, a aterroriza e fere e, quando ela está contrita, a eleva de novo, a consola e a preserva. Assim, a verdade da ameaça é causa de contrição, e a verdade da promessa é causa de consolação, quando nelas se acredita, e pela fé o homem recebe a remissão dos pecados. Por conseguinte, a fé deve ser proclamada e ensinada acima de todas as coisas; a contrição e a consolação acontecerão como inevitável consequência quando existir a fé.

Ainda que haja alguma coisa no ensino de quem afirma que a contrição deve ser produzida pela coleta — como eles a chamam — e a contemplação dos próprios pecados, a doutrina deles ainda é perigosa e perversa, porque não ensinam primeiro a origem e a causa da contrição, a saber, a inabalável verdade das promessas e ameaças divinas, para produzir a fé, de modo que assim os homens entendam a necessidade de procurar com atenção muito mais sincera a verdade divina, pela qual são humilhados e exaltados, que a multidão dos pecados deles. Se olharem para os pecados à parte da verdade divina, é mais provável que o desejo do pecado seja renovado e aumente do que eles sintam contrição. Nada digo quanto ao intransponível caos de labores que nos impõem, isto é, que devemos formular uma contrição por todos os nossos pecados, pois isso é impossível. Conhecemos apenas uma pequena parte dos nossos pecados, e de fato até nossas boas obras são pecaminosas, como está escrito: "Mas não leves o teu servo a julgamento, pois ninguém é justo diante de ti" (Salmos 143.2). É o bastante que nos entristeçamos pelos pecados que envergonham nossa consciência no presente momento, e que são reconhecidos com facilidade pelo esforço da nossa memória. Quem se encontra disposto estará sem dúvida pronto para sentir tristeza e temor por causa de todos os seus pecados e sentirá tristeza e temor quando no futuro os pecados lhe forem revelados.

Acautele-se então para não confiar na própria contrição, ou atribuir a remissão dos pecados à sua tristeza. Não é por causa disso que Deus olha para você com favor, mas por causa da fé com a qual crê nas ameaças e promessas divinas, que lhe produzem tristeza. Portanto, qualquer bem que haja na penitência é devido não à diligência com a qual consideramos nossos pecados, mas à verdade divina e à nossa fé. As demais coisas são obras e frutos que se seguem, e que não tornam o homem bom, mas que são feitas pelo homem que foi feito bom por causa da fé na verdade divina. Como está escrito: "Das suas narinas subiu fumaça; da sua boca saíram brasas vivas e fogo consumidor" (Salmos 18.8). Primeiro vem o terror da ameaça, que devora o ímpio, mas a fé, aceitando a ameaça, faz subir a contrição como nuvem de fumaça.

A contrição, ainda que tenha sido completamente exposta a doutrinas ímpias e pestilentas, tem dado menos ocasião à tirania e ao amor ao lucro. Mas a confissão e a satisfação foram transformadas nas mais notáveis lojas de lucro e ambição. Falarei primeiro a respeito da confissão. Não há dúvida de que a confissão de pecados é necessária e ordenada por Deus: "Confessando os seus pecados, eram batizados por ele no rio Jordão" (Mateus 3.6). "Se confessarmos os nossos pecados, ele é fiel e justo para perdoar os nossos pecados e nos purificar de toda injustiça. Se afirmarmos que não temos cometido pecado, fazemos de Deus um mentiroso, e a sua palavra não está em nós" (1João 1.9,10). Se os santos não negam seus pecados, muito mais deverão confessá-los os culpados de ofensas grandes ou públicas. Mas a prova mais eficiente da instituição da confissão é dada quando Cristo nos diz que o irmão ofensor deve ser repreendido por sua falta, levado perante a igreja, acusado, e por último, se negligenciar ouvir a igreja, excomungado. Ele "ouve" quando aceita a repreensão, reconhece seu pecado e o confessa.

Mas a confissão secreta, praticada hoje, ainda que não possa ser provada pelas Escrituras, é em minha opinião muito satisfatória, e útil, até mesmo necessária. Não posso desejar que ela não exista; antes, alegro-me com sua existência na igreja de Cristo, pois é um grande remédio para a consciência aflita, quando, depois de abrir a consciência para um irmão, e descobrir o mal que nela se esconde, recebemos da boca do irmão uma palavra de consolo enviada da parte de Deus e, aceitando-a pela fé, encontramos paz na misericórdia divina, que nos fala por intermédio do irmão. Eu protesto contra a transformação da instituição da confissão em meio de tirania e extorsão pelos bispos. Eles reservam alguns casos secretos para si mesmos, e depois ordenam sua revelação aos confessores que eles nomearam, e assim envergonham a consciência dos homens, enchendo o ofício do bispo, mas negligenciando de forma total os verdadeiros deveres episcopais, que são pregar o evangelho e ministrar aos pobres.

As 95 teses e a essência da igreja

Esses tiranos ímpios reservam para si mesmos principalmente os casos de menor consequência, enquanto deixam os maiores em todos os lugares ao conjunto de sacerdotes comuns — casos como as invenções ridículas da bula *In Coena Domini*.[1] Para que sua perversidade seja ainda mais manifesta, eles não reservam as ofensas contra o culto a Deus, a fé e os principais mandamentos, mas os aprovam e ensinam, como as jornadas de peregrinação, a pervertida adoração aos santos, as lendas mentirosas dos santos, a confiança nas obras e cerimônias e sua prática, e por todas elas a fé em Deus é extinta e a idolatria é alimentada, como hoje. Os pontífices hoje são como os ministros dos bezerros de ouro que Jeroboão estabeleceu em Dã e em Berseba — homens ignorantes da lei divina, da fé e de tudo que diz respeito à alimentação das ovelhas de Cristo, e eles apenas lançam suas invenções sobre o povo por meio do terror e da força.

Ainda que eu exorte as pessoas a suportar a violência dos homens, mesmo quando Cristo nos manda suportar toda a conduta tirânica deles e nos ensina a obedecer a esses achacadores; também não admito nem creio que eles tenham poder para estabelecer qualquer tipo de domínio nesse sentido. Eles não podem prová-lo nem por um i ou um til, enquanto eu posso provar o contrário. Em primeiro lugar, se, ao falar de ofensas públicas, Cristo diz que ganhamos nosso irmão se ele nos ouve quando falamos da falta que cometeu, e que ele não será levado à igreja, a não ser que se recuse a nos ouvir, e assim a ofensa será acertada entre os irmãos, muito mais verdade será com respeito às ofensas particulares, em que o pecado é retirado quando

---

[1] *In Coena Domini* [À mesa do Senhor] era o título de uma bula papal emitida com regularidade entre os anos 1363 e 1770, sempre na quinta-feira da Semana Santa, com objetivo de declarar censuras eclesiásticas contra todas as heresias, cismas, desobediências às ordens papais etc. [N. do T.]

o irmão confessou com voluntariedade a seu irmão, de modo que ele não precisa levar o caso perante a igreja, isto é, diante de um prelado ou um sacerdote, como os homens dizem em sua interpretação tola. Como base para minha opinião, uma vez mais temos a autoridade de Cristo, quando ele diz na mesma passagem: " '[...] Tudo o que vocês ligarem na terra terá sido ligado no céu, e tudo o que vocês desligarem na terra terá sido desligado no céu' " (Mateus 18.18). Essa palavra é dirigida a todo cristão. Ele também afirmou, com o mesmo sentido, que, se na igreja dois concordarem a respeito de algo e pedirem, isso lhes será concedido pelo Pai que está no céu (Mateus 18.19). Um irmão, revelando seus pecados secretos a outro irmão e buscando perdão, certamente concorda na verdade, que é Cristo, na terra com aquele irmão. Em confirmação ao que dissera antes, Cristo fala com mais clareza na passagem seguinte: " 'Pois onde se reunirem dois ou três em meu nome, ali eu estou no meio deles' " (Mateus 18.20).

De tudo isso, não hesito em dizer que quem confessa voluntariamente seus pecados em particular, na presença de qualquer irmão, ou quando toma conhecimento de suas faltas, pede perdão e muda de vida, é absolvido dos seus pecados secretos, pois Cristo concedeu o poder da absolvição a todos os que creem nele, não importa que violência os pontífices pratiquem contra a verdade. Acrescente-se este pequeno argumento: que, se qualquer reserva de pecados ocultos fosse válida, não haveria salvação, a não ser que eles fossem remidos, e o maior impedimento à salvação, estaria nas coisas já mencionadas — mesmo as boas obras e idolatrias que hoje os pontífices nos ensinam. Se essas questões não constituem impedimento, com muito menos razão as ofensas menores são tolamente reservadas! Pela ignorância e cegueira dos pastores, esses portentos são trazidos à igreja. Daí advirto os príncipes da Babilônia e bispos de Bete-Áven de que se abstenham de reservar casos de qualquer tipo e concedam a mais livre permissão de ouvir confissões de pecados secretos a todos os irmãos e irmãs, para que os pecadores possam revelar os pecados a quem quiserem, com o objetivo de buscarem perdão e consolo, isto é, a palavra de Cristo transmitida pela boca do próximo. Eles não fazem nada pela sua presunção maldosa, a não ser enganar de forma desnecessária a consciência dos fracos, ou estabelecer a própria tirania, e alimentar sua avareza com os pecados e a perdição dos irmãos. Assim, eles mancham as mãos com o sangue da alma de cada um deles e os filhos são devorados pelos pais, Efraim devora Judá, e a Síria devora Israel, como Isaías disse.

A esses males, eles acrescentaram circunstâncias — mães, filhas, irmãs, parentes, galhos, frutos do pecado, tudo pensado para a completa diversão dos homens mais sutis, que estabeleceram, mesmo em matéria de pecado, um tipo de árvore de consanguinidade e afinidade, tão férteis de resultados são a ignorância e a impiedade, pois os artifícios de alguns camaradas sem valor passaram à lei pública, como tem acontecido em muitos outros casos. Os pastores vigiam com tanta atenção sobre a igreja de Cristo que quaisquer sonhos de superstição ou de novas obras a que os devotos sem razão se entregam eles as revestem com indulgências e as fortificam com bulas. Tão longe estão de proibirem essas coisas, e proteger a simplicidade da fé e da liberdade do povo de Deus, pois qual a ligação entre a liberdade e a tirania de Babilônia?

Eu deveria aconselhar a total negligência de tudo que tem ligação com as circunstâncias. Entre os cristãos há apenas uma circunstância, isto é, um irmão pecou. Nada deve ser comparado à irmandade cristã, nem a observação de lugares, épocas, dias e pessoas, ou qualquer outra superstição exagerada, qualquer efeito, a não ser magnificar as coisas que não são nada, em detrimento das que são tudo. Como se houvesse algo maior ou de mais importância que a glória da irmandade cristã, eles nos prendem a lugares, dias e pessoas, para que o nome do irmão seja tido como de pouca importância, e, em vez de sermos homens livres, somos escravos em servidão — nós, para quem todos os dias, lugares e pessoas e todas as demais coisas externas são iguais.

Com que indignidade eles trataram a questão da satisfação. Eu o tenho demonstrado à farta no caso das indulgências. Eles abusaram muito para a destruição dos cristãos no corpo e na alma. Em primeiro lugar, ensinaram que o povo não entendeu o real significado da satisfação, que é a mudança de vida. Além disso, eles a estimulam e a representam tanto como necessária que não deixam espaço para a fé em Cristo, mas a consciência dos homens é miseravelmente torturada por escrúpulos nesse ponto. Um vai para lá, outro para cá, um vai a Roma, outro para um convento, outro para outro lugar; um se tortura com varas, outro destrói o corpo com vigílias e jejuns, enquanto todos, sob um engano geral, dizem: aqui está Cristo, ou lá, e imaginam que o Reino de Deus, que na verdade está dentro de nós, virá com a observação dessas práticas. Esses males monstruosos devemos a você, Sé de Roma, e às suas leis e ritos homicidas, pelos quais levou o mundo a um estado de ruína, para que eles pensem que podem satisfazer seus pecados contra Deus por meio de obras, enquanto apenas pela fé do coração contrito ele poderá ser satisfeito. Essa fé você relegou não apenas ao silêncio em meio a esses tumultos, mas tentou destruir, apenas para que a avareza, o parasita insaciável, pudesse ter alguém a quem clamar: tragam, tragam, e façamos um comércio de pecados.

Alguns chegaram a tal ponto em formular mecanismos de desespero para as almas que disseram que todos os pecados, a satisfação negligenciada, devem ser renovados nas confissões. O que esses homens não ousarão fazer, homens que nasceram para isso, ou seja, reduzir todas as coisas dez vezes à escravidão? Além disso, gostaria de saber quantas pessoas se acham completamente convencidas de que estão em estado de salvação, fazendo satisfação por seus pecados, enquanto murmuram da boca para fora as orações conduzidas pelos sacerdotes e nem sequer pensam em mudança na vida. Não pequeno motivo tem sido dado a essas ideias pervertidas por nossos pecadores absolvidos antes que eles completem sua satisfação, de onde conclui-se que estão mais ansiosos para completar a satisfação, algo que permanece, que com a contrição, que eles pensam ter acontecido no ato da confissão. Ao contrário, a absolvição deve se seguir à conclusão da satisfação, como era feito na igreja primitiva, onde acontecia que, sendo a obra realizada, eles estavam mais exercitados na fé e na novidade de vida. Eles acreditam que por um momento de contrição e confissão toda a sua vida é mudada, e que ainda sobre mérito bastante para fazer satisfação pelos pecados passados. Como poderiam saber mais, quando não aprenderam nada melhor? Eles não pensam na mortificação da carne; o exemplo de Cristo de nada vale, pois, quando ele absolveu a mulher surpreendida em adultério, disse-lhe: "[...] '[...] Agora vá e abandone sua vida de pecado' " [João 8.11], entregando-lhe a cruz da mortificação da carne. Todavia, quanto a isso, é suficiente ter repetido tantas vezes até agora o que já disse em maior extensão ao escrever sobre as indulgências. Seja também suficiente para o presente ter dito tanto com respeito aos três sacramentos, que são considerados, e não o são, em tantos livros enganosos das *Sentenças* e da lei. Ainda tenho que dizer também algumas palavras a respeito dos demais sacramentos, para que não pareça que os rejeitei sem razão suficiente.

Da confirmação

É surpreendente que alguém tenha pensado em fazer o sacramento da confirmação por meio da imposição de mãos que Cristo aplicou às criancinhas, e pela qual os apóstolos concederam o Espírito Santo, ordenaram presbíteros e curaram doentes, como o apóstolo escreveu a Timóteo: "Não se precipite em impor as mãos sobre ninguém [...]" (1Timóteo 5.22). Por que então não fazer do pão um sacramento, porque está escrito: "e, depois de comer, recuperou as forças" (Atos 9.19) e "[...] o pão, que sustenta o seu [do homem] vigor" (Salmos 104.15). Então a confirmação incluiria três sacramentos, a ceia, as ordens e a confirmação propriamente. Mas, se os apóstolos fizeram dela um sacramento, por que não fazer o mesmo com a pregação?

Não digo isso porque condeno os sete sacramentos, mas porque nego que eles possam ser provados com base nas Escrituras. Gostaria que houvesse na igreja imposição de mãos como havia no tempo dos apóstolos, se escolhermos chamá-la de confirmação ou cura. Mas nada disso permaneceu, exceto o que nós mesmos inventamos para regulamentar as tarefas dos bispos, para que eles não fiquem sem trabalho na igreja. Pois quando eles deixaram os sacramentos que envolvem labor, junto com a palavra, aos inferiores, como estando debaixo de sua atenção (com base na verdade de que quaisquer instituições que a majestade divina tenha estabelecido precisam ser objeto de desprezo dos homens), era certo que inventássemos algumas tarefas fáceis, não tão problemáticas para as delicadezas desses grandes heróis, e de modo algum confiá-las aos seus inferiores, como se fossem algo de pequena importância. O que a sabedoria humana ordenou deve ser honrado pelos homens. Assim, como os sacerdotes são, também devem ser o ministério e o ofício que eles carregam. Pois o que é um bispo, que não prega o evangelho nem participa do cuidado com as almas, a não ser um ídolo no mundo, tendo o nome e a forma de um bispo?

Todavia, no presente inquirimos os sacramentos de instituição divina, e não posso encontrar razão para considerar a confirmação sobre eles. Para constituir um sacramento, exige-se em primeiro lugar a palavra da promessa divina, na qual a fé pode se exercitar. Mas não lemos que Cristo tenha dado qualquer promessa com respeito à confirmação, ainda que ele tenha colocado as mãos sobre muitos, e ainda que mencione entre os sinais que devem seguir os que creem: " '[...] imporão as mãos sobre os doentes, e estes ficarão curados' " (Marcos 16.18). Mas ninguém interpretou as palavras como um sacramento, nem poderia fazê-lo. É o bastante considerar a confirmação rito ou cerimônia da igreja, de natureza semelhante às demais cerimônias pelas quais a água e outras coisas são consagradas. Pois, se toda criatura é santificada pela palavra e pela oração, por que o homem não poderia ser santificado pela mesma maneira, mesmo que não pudesse ser chamado sacramento da fé, contanto que não contenha nenhuma promessa divina? E nenhuma delas opera a salvação, enquanto os sacramentos salvam os que creem na promessa divina.

Do matrimônio

Não é sem qualquer garantia das Escrituras que o matrimônio é considerado sacramento, mas ele foi transformado mais em uma zombaria pela mesma tradição que se gaba de tê-lo como sacramento. Examinemos a questão. Já disse que em cada sacramento está contida a palavra da promessa divina, que deve ser crida por quem recebe o sinal, e que o sinal sozinho não constitui sacramento. Mas em nenhum lugar lemos que quem se casa receberá graça da parte de Deus, nem que haja no matrimônio qualquer sinal de instituição divina, nem que o matrimônio tenha sido apontado por Deus como sinal de qualquer coisa, ainda que seja verdade que todas as transações visíveis possam ser entendidas como figuras e representações alegóricas de coisas invisíveis. Mas figuras e alegorias não são sacramentos, no sentido em que estamos falando de sacramentos.

Além disso, como o matrimônio existe desde o começo do mundo, e existe entre incrédulos, não há razões pelas quais ele deve ser chamado sacramento da nova lei e apenas da igreja. Os casamentos dos patriarcas não eram menos casamentos que os nossos, mas ninguém os chamou de sacramento. Além do mais, há entre os cristãos esposas e maridos ímpios, piores que qualquer gentio. Por que diríamos que há um sacramento entre nós, mas não entre os gentios? Iremos assim brincar com o batismo e com a igreja a ponto de dizer, como quem delira a respeito do poder temporal existente apenas na igreja, que o matrimônio é um sacramento só na igreja? Essas afirmações são infantis e ridículas, e por elas expomos nossa ignorância e temeridade, para escárnio dos descrentes.

Mas alguém perguntará: "O apóstolo não diz: 'serão os dois uma só carne' e 'grande é este sacramento'?;[1] você contradirá as palavras inequívocas do apóstolo?". Respondo que o argumento é muito estúpido e procede de uma leitura descuidada e impensada do original. Em todas as Santas Escrituras a palavra *sacramentum* não tem o significado que lhe damos, mas o contrário. Pois a palavra sempre significa não o sinal da coisa sagrada, mas a coisa sagrada que está secreta e escondida. Por isso Paulo disse: "Portanto, que todos nos considerem servos de Cristo e encarregados dos mistérios [isto é, os sacramentos] de Deus" (1Coríntios 4.1). Onde usamos a palavra latina "sacramento", em grego a palavra utilizada é "mistério". Por isso, em grego as palavras do apóstolo são: "serão os dois uma só carne; grande é este mistério". A ambiguidade levou homens a considerar o matrimônio um sacramento da nova aliança, o que eles não fariam se tivessem lido a palavra "mistério", como está em grego.

O apóstolo chama o próprio Cristo de "sacramento", dizendo: "Não há dúvida de que é grande o mistério da piedade: Deus foi manifestado em corpo, justificado no Espírito, visto pelos anjos, pregado entre as nações, crido no mundo, recebido na glória" (1Timóteo 3.16). Por que eles não deduziram daí o oitavo sacramento da nova aliança, sob autoridade tão clara de Paulo? Ou, se eles se restringiram no caso, por que foram tão pródigos na invenção de sacramentos, por que foram

---

[1] Lutero se refere a Efésios 5.32, em que a palavra "mistério" foi traduzida por "sacramento" na *Vulgata* de Jerônimo. [N. do T.]

tão extravagantes em criá-los? Porque foram enganados pela própria ignorância de coisas e de palavras; foram capturados pelo mero som das palavras e pelas próprias fantasias. Tendo uma vez, com base em autoridade humana, tornado um sacramento como sinal, procederam, sem qualquer julgamento ou escrúpulo, para fazer a palavra significar um sinal, sempre que depararam com a palavra nos textos sagrados, e transformaram em sonhos, criando algo do nada. Daí o uso constante e sem sentido das palavras: boas obras, más obras, pecado, graça, justiça, virtude, e quase todas as palavras e coisas mais importantes; eles usam tudo a seu bel-prazer, com base em palavras dos homens, para a ruína da verdade divina e da nossa salvação.

Sacramento e mistério, no significado de Paulo, são a própria sabedoria do Espírito, oculta em mistério, como ele disse: "Nenhum dos poderosos desta era o entendeu, pois, se o tivessem entendido, não teriam crucificado o Senhor da glória" (1Coríntios 2.8). Essa loucura permanece até hoje, essa pedra de tropeço e rocha de ofensa, esse sinal contra o qual muitos falarão. Paulo chama os pregadores de despenseiros desses mistérios, porque pregam Cristo, poder e sabedoria de Deus, mas pregá-lo para que os homens possam crer, pois, de outro modo, eles não entenderão. Sacramento significa mistério e algo oculto, revelado por palavras, mas recebido pela fé do coração. Esta é a passagem da qual estamos falando: " '[...] os dois se tornarão uma só carne'. Este é um mistério profundo [...]" [Efésios 5.31,32]. Esses homens pensam que isso foi dito com respeito ao matrimônio, mas Paulo usa as palavras para falar de Cristo e da igreja e explica o que quer dizer, quando afirma claramente: "[...] refiro-me, porém, a Cristo e à igreja" [v. 32]. Veja como Paulo e esses homens concordam! Paulo afirma falar de um grande mistério concernente a Cristo e à igreja, mas eles dizem que se refere a homem e mulher. Se os homens pelos próprios caprichos interpretam dessa maneira os textos sagrados, não causaria admiração se eles encontrassem neles uma centena de sacramentos!

Cristo e a igreja são um mistério; isso é algo grande e oculto, que pode e deve ser figurado pelo matrimônio, como um tipo de alegoria real, mas daí não se deve concluir que o matrimônio deva ser chamado de sacramento. Os céus representam em sentido figurado os apóstolos, o Sol, Cristo, as águas, as nações, mas essas coisas não são sacramentos, pois em todos os casos faltam a instituição e a promessa divina, e são eles que formam o sacramento. Então, ou Paulo está, pelo próprio espírito, aplicando a Cristo as palavras empregadas em Gênesis concernentes ao matrimônio, ou ele ensina que, no sentido geral, o casamento espiritual de Cristo é também declarado, dizendo: "Além do mais, ninguém jamais odiou o seu próprio corpo, antes o alimenta e dele cuida, como também Cristo faz com a igreja, pois somos membros do seu corpo. 'Por essa razão, o homem deixará pai e mãe e se unirá à sua mulher, e os dois se tornarão uma só carne'. Este é um mistério profundo; refiro-me, porém, a Cristo e à igreja" (Efésios 5.29-32). Vemos que ele quer dizer que o texto todo deve ser entendido como menção sobre Cristo. Ele de modo deliberado adverte o leitor de entender o "sacramento" como em Cristo e a igreja, não no matrimônio.

De fato, admito que mesmo na antiga aliança, desde o começo do mundo, havia o sacramento da penitência, mas a nova promessa de penitência e o dom das chaves são peculiares à nova aliança.[2] Como temos o batismo no lugar da circuncisão, agora temos as

---

[2] Por "chaves" Lutero se refere ao texto de Mateus 16.19, em que Jesus usa a palavra "chaves" para se referir ao ministério da igreja. [N. do T.]

chaves no lugar dos sacrifícios ou outros sinais de penitência. Já disse que, em diferentes épocas, o mesmo Deus concedeu promessas e sinais diversos para a remissão de pecados e a salvação dos homens; no entanto, a mesma graça foi recebida. Como está escrito: "Está escrito: 'Cri, por isso falei'. Com esse mesmo espírito de fé nós também cremos e, por isso, falamos" (2Coríntios 4.13). "Todos comeram do mesmo alimento espiritual e beberam da mesma bebida espiritual; pois bebiam da rocha espiritual que os acompanhava, e essa rocha era Cristo" (1Coríntios 10.3,4). "Todos esses viveram pela fé e morreram sem receber o que tinha sido prometido; viram-no de longe e de longe o saudaram, reconhecendo que eram estrangeiros e peregrinos na terra [...]. Deus havia planejado algo melhor para nós, para que conosco fossem eles aperfeiçoados" (Hebreus 11.13,40). Pois o próprio Cristo, que é o mesmo ontem, hoje, e para sempre, é o cabeça da igreja, do princípio ao fim do mundo. Há então diferentes sinais, mas a fé de todos os cristãos é a mesma, pois sem fé é impossível agradar a Deus, e pela fé Abel o agradou. Que o matrimônio seja então uma figura de Cristo e da igreja, mas não um sacramento divinamente instituído, mas um inventado na igreja por homens e desvirtuado pela ignorância deles, tanto de coisas como de palavras. Como essa invenção não tem sido prejudicial à fé, deve ser suportada em caridade; assim como tantos outros artifícios da fraqueza e da ignorância humana são suportados na igreja, enquanto não são prejudiciais à fé nem deturpam os textos sagrados. Mas agora contendemos pela firmeza e pureza da fé e das Escrituras; a não ser que, se afirmamos algo como contido nos textos sagrados e nos artigos da nossa fé, e mais tarde for demonstrado que não está, expomos nossa fé à zombaria, demonstramos a ignorância das nossas questões, provocamos escândalo aos adversários e fracos, e fracassamos em exaltar a autoridade das Sagradas Escrituras. Pois devemos estabelecer a distinção mais nítida possível entre o que nos foi entregue por Deus nos textos sagrados e o que foi inventado na igreja pelos homens, não importa a eminência da santidade ou da erudição deles.

Até agora falei do matrimônio em si. Mas o que diremos das leis ímpias pelas quais esse costume divinamente apontado foi enredado e perturbado? Bom Deus! É horrível olhar para a temeridade dos tiranos de Roma que, de acordo com meros caprichos, ao mesmo tempo, anulam o casamento e o honram. A raça humana está entregue aos caprichos deles por nada, para ser zombada e abusada de todas as maneiras, e esses homens podem fazer o que querem, por amor à sua sede de lucro.

Há um livro em circulação e tido em não pequena estima, que reúne todas as impurezas e sujeiras das tradições humanas. Intitulado *Sumário angélico*, ele é na realidade mais um resumo diabólico. Nele, dentre um número infinito de declarações monstruosas, pelas quais os confessores devem ser instruídos, enquanto na verdade são terrivelmente confundidos, são enumerados 18 impedimentos ao casamento. Se os olharmos com os olhos justos e livres da fé, veremos que o autor incluiu na lista coisas sobre as quais o apóstolo predisse: "O Espírito diz claramente que nos últimos tempos alguns abandonarão a fé e seguirão espíritos enganadores e doutrinas de demônios. Tais ensinamentos vêm de homens hipócritas e mentirosos, que têm a consciência cauterizada e proíbem o casamento e o consumo de alimentos que Deus criou para serem recebidos com ação de graças pelos que creem e conhecem a verdade" (1Timóteo 4.1-3). O que é isso, a não ser a proibição do casamento, se isso não significar sua proibição — inventar tantos impedimentos, e colocar tantas armadilhas que os casamentos não podem ser contratados, ou, se são, devem ser anulados? Quem deu esse poder aos homens? Imaginando-se santos e guiados por um zelo piedoso, por que a santidade de alguém deveria se exceder sobre a minha liberdade? Por que o zelo de outra pessoa me reduzirá à servidão? Sejam todos tão santos e piedosos quanto quiserem, mas que não prejudiquem os outros nem tirem de mim minha liberdade.

Contudo, alegro-me que essas leis desgraçadas tenham obtido a glória merecida, e por causa delas os homens de Roma tenham se tornado comerciantes comuns. E o que eles venderão? A vergonha de homens e mulheres; a mercadoria digna desses comerciantes, que ultrapassa o que é mais sórdido e nojento em sua avareza e impiedade. Não há nenhum impedimento que não possa ser removido pela intercessão de Mamom, pois as leis foram feitas com o propósito de se tornarem redes para ganhar dinheiro e prender a alma nas mãos de Ninrodes[3] gananciosos e vorazes, e para que vejamos no lugar santo, na igreja de Deus, a abominação da venda pública da vergonha e ignomínia de ambos os sexos. Um negócio digno dos nossos pontífices, apto a ser conduzido por homens que, com a maior desgraça e desfaçatez, foram entregues à mente réproba, não ao ministério do evangelho que, na avareza e ambição deles, eles desprezam.

Mas o que devo dizer ou fazer? Se for para entrar em cada detalhe particular, este tratado ultrapassaria todos os limites, pois a questão está na maior confusão, de modo que ninguém pode dizer onde começou, até onde vai e onde deve parar. O que sei é que nenhuma comunidade pode ser bem administrada apenas por leis.

---

[3] Lutero se refere a Ninrode, citado em Gênesis 10.8,9 como sendo "caçador", provavelmente um traficante de escravos. [N. do T.]

Sendo o magistrado homem sábio, ele governará mais acertadamente sob a orientação da natureza que por qualquer lei, pois ele não saberá usá-las ou adaptá-las para as necessidades do momento. Em questões públicas, portanto, é mais importante que homens bons e sábios estejam à testa dos negócios que leis sejam promulgadas; pois homens assim serão a melhor das leis, pois julgarão casos de todos os tipos com energia e justiça. Se, junto com a sabedoria natural, há conhecimento das coisas divinas, então será claramente supérfluo e enganoso ter qualquer lei escrita; a caridade, que está acima de todas as coisas, não precisa de nenhuma lei. Mas afirmo, e faço tudo que está a meu alcance, para admoestar e rogar a todos os sacerdotes e freiras que, se eles veem qualquer impedimento que o papa pode dispensar, mas que não é mencionado nas Escrituras, considerem todos esses casamentos válidos, de qualquer maneira, contrariamente às leis eclesiásticas ou pontifícias. Que sejam munidos com a lei divina que diz: o que Deus uniu, ninguém o separe [Mateus 19.6]. A união de marido e esposa é um direito divino e produz o bem, não importa quanto as leis humanas digam o contrário, e essas leis devem dar lugar à união, sem qualquer escrúpulo. Pois, se um homem deve deixar pai e mãe e se unir à sua mulher, muito mais deverá ele pisotear as leis frívolas e injustas dos homens, para que possa se casar. Se o papa, ou qualquer bispo ou clérigo, dissolve qualquer casamento por ter sido realizado de forma contrária às leis papais, ele é um anticristo, pratica violência contra a natureza e é culpado de traição contra Deus, porque a afirmação permanece: o que Deus uniu, ninguém o separe [Marcos 10.9].

Além disso, o homem não tem o direito de estabelecer qualquer lei, e a liberdade concedida aos cristãos em Cristo está acima das leis humanas, em especial diante da lei divina, como Cristo diz: "[...] 'O sábado foi feito por causa do homem, e não o homem por causa do sábado. Assim, pois, o Filho do homem é Senhor até mesmo do sábado' " (Marcos 2.27,28). Mais uma vez, essas leis foram condenadas antecipadamente por Paulo, quando predisse o surgimento de quem proibiria o casamento. Nessa questão, todos os impedimentos rigorosos derivados da afinidade espiritual, ou relacionamentos legais e consanguinidade, devem desaparecer, de acordo com a permissão dos textos sagrados, nos quais apenas o segundo grau de consanguinidade é proibido, como está escrito no livro de Levítico, em que 12 pessoas são proibidas, a saber: mãe, madrasta, irmã, meia-irmã da parte de pai ou de mãe, neta, irmã do pai, irmã da mãe, nora, cunhada, enteada, filha adotiva, esposa do tio. Aqui apenas o primeiro grau de afinidade e o segundo de consanguinidade são proibidos, e mesmo eles não são proibidos em caráter universal, como fica claro quando examinamos a questão com cuidado; pois a filha e a neta de um irmão e uma irmã não são mencionados como proibidos, ainda que estejam no segundo grau. Daí, se em qualquer momento um casamento acontecer fora desses graus, que por nenhum outro tenha sido proibido pela indicação divina, o casamento não deve de modo algum ser dissolvido por causa de qualquer lei humana. Sendo instituição divina, ele está incomparavelmente acima de todas as leis e, por conseguinte, não pode ser quebrado por causa das leis; antes, as leis devem ser quebradas por sua causa.

Assim, todas as fantásticas afinidades espirituais de pai, mãe, irmão, irmã, filho ou filha devem ser totalmente postas de lado na contratação do casamento. O que, a não ser a superstição humana, inventou esse relacionamento espiritual? Se o que batiza não tem permissão para se casar com a batizada, ou se o padrinho não pode se casar com a afilhada, por que um homem cristão pode se casar com uma mulher cristã? O relacionamento é estabelecido pela cerimônia ou pelo sinal do sacramento mais forte que o estabelecido pela substância do sacramento? O homem cristão não é irmão da mulher cristã? O homem batizado não é irmão espiritual da mulher batizada? Como podemos ser tão desprovidos de sentido? Se um homem instrui sua mulher no evangelho e na fé em Cristo, e assim se torna verdadeiramente o pai dela em Cristo, então para ela não será legítimo continuar como sua mulher? Por que Paulo contava com liberdade para se casar com uma moça entre os coríntios, aqueles que ele declarou que estavam em Cristo? Veja então como a liberdade cristã tem sido esmagada pela cegueira da superstição humana!

Ainda mais sem valor é a doutrina do relacionamento legal, e mesmo assim eles elevaram até isso acima do direito divino do matrimônio. Nem posso concordar com o impedimento que eles chamam de disparidade de religião, que proíbe um homem de se casar com uma mulher não batizada, nem sob a condição de convertê-la à fé. Quem proibiu isso, Deus ou o homem? Quem deu aos homens autoridade para proibir casamentos desse tipo? Eles falam mentiras em hipocrisia, como Paulo diz, e a respeito deles pode-se afirmar com acerto: os ímpios me contaram mentiras, mas não de acordo com a lei. Patrício, um pagão, casou-se com Mônica, a mãe de Santo Agostinho, que era cristã; por que o mesmo não seria legítimo hoje? Exemplo semelhante dessa loucura, na verdade, desse rigor ímpio, é o impedimento do crime; como no caso em que o homem se casa com a mulher que cometeu adultério, ou que planejou a morte do marido da mulher, para poder se casar com ela. De onde vem, pergunto, a severidade dos homens contra os homens, de fazer o que Deus mesmo nunca exigiu? Esses homens fingem não saber que Davi, um homem santo, casou-se com Bate-Seba, mulher de Urias, ainda que os dois crimes tivessem sido cometidos, isto é, ainda que ela estivesse manchada pelo adultério e o marido dela tivesse sido morto. Se a lei divina o fez, por que homens tiranos agem dessa maneira contra seus próprios servos?

Outro impedimento reconhecido existe quando o que eles chamam de vínculo, isto é, quando uma pessoa está comprometida com outra pelo noivado. Nesse caso, eles concluem que, se uma parte teve intercurso com a terceira, o noivado anterior chega ao fim. Não posso de modo algum aceitar essa doutrina. Em meu julgamento, um homem que se comprometeu com outra pessoa não está mais à disposição, portanto sob as proibições do direito divino, e se deve a si mesmo à anterior, ainda que não tenha tido intercurso com ela, mesmo que já tenha tido intercurso com outra pessoa. Não está em seu poder dar o que ele não possui; ele a enganou com a que manteve intercurso, e cometeu adultério. O que levou alguns a pensar de outro modo é que eles olharam mais para a união carnal que para o mandamento divino, sob o qual aquele que prometeu fidelidade a uma pessoa está comprometido a observar. Quem quer dar, deve dar o que tem. Deus proíbe que qualquer homem ultrapasse seus limites e defraude o irmão em qualquer questão, pois a boa-fé deve ser observada acima e além de todas as tradições de todos os homens. Por isso eu creio que esse homem não pode em sã consciência coabitar com uma segunda mulher, e que esse impedimento deve ser inteiramente revertido. Se um voto religioso priva o homem de seu poder sobre si mesmo, por que não também um compromisso de fidelidade que é dado e recebido de modo especial se ele se baseia no ensino e no fruto do Espírito (Gálatas 5), enquanto o anterior se baseia na escolha humana? E se uma esposa retorna ao marido, independentemente de qualquer voto religioso, por que o homem que assumiu o noivado não retornaria para sua noiva mesmo que a ligação com a outra tenha se seguido? Todavia, já dissemos antes que, se um homem comprometeu sua palavra com uma jovem, não está livre para fazer um voto religioso, mas deve se casar com ela, porque deve cumprir a palavra, e não tem a liberdade de abandoná-la por causa de qualquer tradição humana, pois Deus ordena que ele mantenha a palavra empenhada. Muito mais será seu dever observar o compromisso com a primeira a quem deu sua palavra, pois só com o coração enganoso ele se comprometeria com a segunda pessoa; e, portanto, e como ele de fato não o deu, enganou seu próximo, contra a lei de Deus. Daí o impedimento desse erro acontecer no caso, o que anula o casamento com a segunda mulher.

O impedimento das ordens santas é também mero expediente dos homens, em especial quando afirmam que mesmo o casamento já contratado é anulado por essa causa, sempre exaltando a própria tradição acima dos mandamentos divinos. Não vou emitir julgamento com respeito à ordem do sacerdócio, tal como ela se encontra agora; mas vejo que Paulo ordena que o bispo deve ser marido de uma só mulher, de modo que o casamento de um diácono, um sacerdote, um bispo, um membro de qualquer ordem não pode ser anulado, ainda que Paulo não soubesse nada desse tipo de sacerdotes e das ordens que temos hoje. Pereçam então essas tradições malditas dos homens, que não têm outro fim senão multiplicar perigos, pecados e males na igreja. Entre um sacerdote e sua esposa, então, há o casamento verdadeiro e inseparável, aprovado pelo mandamento divino. E se homens ímpios o proíbem ou anulam pela própria tirania? Seja isso ilegítimo à vista dos homens, pois é ilegítimo aos olhos de Deus, cujo mandamento, se for contrário aos mandamentos dos homens, deve ser preferido.

Como mero processo humano é chamado impedimento da propriedade pública, pelo qual casamentos contratados são anulados. Indigno-me com a impiedade audaciosa que separa o que Deus uniu. Pode-se reconhecer o Anticristo na oposição a tudo que Cristo fez ou ensinou. Que razão há, pergunto, na morte do marido comprometido antes do casamento real, sem parentesco sanguíneo até o quarto grau, poder se casar com quem estava comprometida com ele? Não se trata de vindicação de propriedade pública, mas de ignorância dela. Por que entre o povo de Israel, que possuía as melhores leis, dadas pelo próprio Deus, não havia a vindicação de propriedade pública? Pelo contrário, pelo próprio mandamento divino, o parente mais próximo era obrigado a se casar com a viúva. Por acaso o povo que se encontra na liberdade cristã deve ser atormentado por leis mais rígidas que as do povo que estava em servidão legal? E tornar essas ilusões em um fim em lugar de impedimentos, direi que no presente é evidente para mim que nenhum impedimento pode anular de maneira justa um casamento já contratado, a não ser por incapacidade física para coabitar com a esposa, ignorância de um casamento previamente contratado ou um voto de castidade. A respeito dos votos, não estou certo até o presente momento, não sei em que momento sua validade deve ser reconhecida, como falei antes, ao comentar sobre o batismo. Aprenda então, na questão do matrimônio, a que estado infeliz e desesperançado de confusão, impedimento, complicação e perigo todas as coisas feitas na igreja foram reduzidas pelas tradições pestilentas, ignorantes e ímpias dos homens! Não há esperança de remédio, a não ser que possamos nos livrar de uma vez por todas de todas as leis humanas, trazer de volta o evangelho da liberdade, julgar e governar todas as coisas apenas de acordo com ele. Amém.

É necessário também lidar com a questão da incapacidade física. Minha premissa é a de que os casamentos já contratados não devem ser anulados por qualquer motivo. Quanto à contratação de matrimônio, posso repetir com brevidade o que já disse, que se há alguma urgência de amor jovem, ou qualquer outra necessidade, pelo fato de o papa conceder uma dispensa, então qualquer irmão pode também concedê-la a outro, ou a si mesmo, e assim conquistar sua esposa, da maneira que conseguir, fora do alcance de mãos tirânicas. Por que minha liberdade é jogada fora pela ignorância e superstição alheia? Ou se o papa concede dispensa por dinheiro, por que não posso eu conceder dispensa ao meu irmão ou a mim mesmo pelo bem da minha salvação? O papa estabelece leis? Que ele as estabeleça para si mesmo e não mexa com a minha liberdade.

* * * * * *

Também se discute a questão da legitimidade do divórcio. Eu, da minha parte, detesto o divórcio, e prefiro a bigamia ao divórcio, mas não ouso definir sua legitimidade. O próprio Cristo, o principal dos pastores, disse: " 'Mas eu digo que todo aquele que se divorciar de sua mulher, exceto por imoralidade sexual, faz que ela se torne adúltera, e quem se casar com a mulher divorciada estará cometendo adultério' " (Mateus 5.32). Cristo, portanto, permite o divórcio apenas em caso de fornicação. Daí o papa deve necessariamente estar errado, pois permite o divórcio por outras razões, nem deve qualquer homem se considerar seguro por ter obtido dispensa pela audácia pontifícia, não de maneira legítima. O que me surpreende é que eles obrigam o homem separado da esposa pelo divórcio a permanecer solteiro, mas, se Paulo nos diz que é melhor casar que ficar abrasado, parece permitir plenamente que o homem se case com outra no lugar da que rejeitou. Desejo que o assunto seja plenamente discutido e deixado claro, e que se pense nos inúmeros perigos dos que hoje são obrigados a permanecer solteiros sem que tenham cometido qualquer falta, isto é, aqueles cujas esposas ou maridos fugiram e abandonaram os cônjuges, não voltaram depois de dez anos, ou talvez nunca. Estou angustiado e perturbado por esses casos, que acontecem todos os dias, seja por maldade especial de Satanás, seja por negligência da palavra de Deus.

Não posso por mim mesmo estabelecer qualquer regra contrária à opinião de todos, mas, da minha parte, desejo pelo menos ver aplicadas a esse assunto as palavras: "Todavia, se o descrente separar-se, que se separe. Em tais casos, o irmão ou a irmã não fica debaixo de servidão; Deus nos chamou para vivermos em paz" (1Coríntios 7.15). Na passagem, o apóstolo permite que o descrente que sai do lar deve ser deixado, e o cônjuge que crê está livre para se casar com outra pessoa. Por que não a mesma regra se um crente, isto é, um crente nominal, mas que na realidade é como um descrente, abandona o marido ou a esposa, em especial com a intenção de nunca mais voltar? Não consigo descobrir qualquer distinção entre os dois casos. Mas creio que se no tempo do apóstolo o descrente que saiu de casa voltasse, ou tivesse se tornado crente, ou se tivesse prometido se casar com a esposa crente, ele não teria sido recebido, mas seria autorizado a se casar com outra mulher. Mas não tenho opinião definitiva sobre essas questões, ainda que deseje muito que seja estabelecida uma regra definitiva sobre isso, pois nada me incomoda mais e a muitos outros. Não manterei nenhuma regra sobre o tema estabelecida apenas pela autoridade do papa ou dos bispos, pois se dois homens letrados e bons concordarem em nome de Cristo, e pronunciarem uma decisão no espírito de Cristo, eu preferiria os julgamentos deles aos de concílios, como os que se reúnem hoje, celebrados apenas por seu número e autoridade, independentemente de erudição e santidade. Por isso encerro minhas afirmações a respeito, até que possa conferi-las com algum juízo melhor.

Das ordens

Desse sacramento, a igreja de Cristo sabe pouco, pois foi inventado pela igreja do papa. Não há aí promessa de graça, nem uma palavra é dita a respeito em todo o Novo Testamento. É ridículo estabelecer como sacramento de Deus algo que de modo algum pode ser provado como instituição divina. Não que eu considere que um rito praticado por tanto tempo deva ser condenado, mas não gostaria de ter invenções humanas estabelecidas em coisas sagradas, nem se deveria permitir trazer nada como divinamente ordenado sem ter sido ordenado por Deus, a não ser que sejamos motivo de ridículo para nossos adversários. Devemos nos esforçar para que qualquer coisa que estabelecemos como artigo de fé seja estabelecido com base em provas claras das Escrituras; e disso não vemos o menor grau no caso desse sacramento.

A igreja não tem poder de estabelecer novas promessas da graça divina, como alguns afirmam com insensatez, os que dizem que, como a igreja é governada pelo Espírito Santo, tudo que ela ordena não é de autoridade menor que a ordenação divina. A igreja foi gerada da palavra da promessa por meio da fé, e é nutrida e preservada pela mesma palavra, isto é, ela foi estabelecida pelas promessas divinas, não as promessas por ela. A palavra de Deus está acima da igreja, e sua responsabilidade não é estabelecer, ordenar ou fazer qualquer coisa, mas apenas ser estabelecida, ordenada e feita, como criatura. Pode um homem gerar seu pai? Quem estabelece a autoridade pela qual existe?

Sem dúvida, a igreja detém um poder — ela pode distinguir a palavra de Deus das palavras humanas. Santo Agostinho confessa que seu motivo para crer no evangelho foi a autoridade da igreja, que declarou o evangelho. Não que a igreja esteja acima do evangelho, pois, se estivesse, ela estaria acima de Deus; mas, como Agostinho declara em outro momento, a alma é tomada pela verdade, mas é compelida pela certeza infalível de dizer que isso é a verdade. Por exemplo, a mente pronuncia com infalível certeza que três e sete são dez, mas, ainda que não possa dar uma razão pela qual isso é verdade, não poderá negá-la. De fato, a mente em si é posse da verdade, e, tendo a verdade como juiz, é julgada em vez de julgar. Mesmo tal percepção na igreja acontece pela iluminação do Espírito, ao julgar e aprovar as doutrinas, uma percepção que ela não pode demonstrar, mas que tem como certa. Entre filósofos ninguém julga aqueles cujas concepções são comuns a todos, mas todos são julgados por eles; assim é entre nós com respeito à percepção espiritual que julga todas as coisas, mas não é julgada por ninguém, como o apóstolo diz.

Tenhamos por certo que a igreja não pode prometer a graça, pois se trata de responsabilidade divina apenas; portanto, a igreja não pode instituir um sacramento. E, mesmo que ela tivesse o poder completo para fazê-lo, não se seguiria daí que as ordens são um sacramento. Pois quem sabe que a igreja que tem o Espírito, se apenas alguns poucos bispos e homens eruditos estão preocupados em estabelecer leis e instituições? É possível que esses homens não sejam da igreja e que todos estejam em erro, pois com frequência os concílios estão errados, em especial o de Constança, que errou com mais impiedade que qualquer outro. O único artigo de fé comprovado é o aprovado por toda a Igreja universal, e não apenas por Roma. Por isso afirmo que as ordens sejam uma espécie de rito da igreja, como muitos outros introduzidos pelos pais da Igreja, como a consagração de utensílios, prédios, vestimentas, água, sal, velas, ervas, vinho e coisas semelhantes. Ninguém afirma que em qualquer dessas coisas haja um sacramento ou uma promessa. Então a unção das mãos de um homem, ou a raspagem de sua cabeça, ou outras cerimônias do tipo, não constituem sacramento, pois nada é prometido por elas; empregam-se apenas para preparar os homens para alguns ofícios, como no caso de utensílios ou instrumentos.

Mas alguém perguntará: o que você diz a Dionísio, que reconhece seis sacramentos, entre os quais as ordens, em sua *Hierarquia da igreja*? Minha resposta é: sei que ele é apenas uma das antigas autoridades que considerou haver sete sacramentos, ainda que, pela omissão do matrimônio, alistou apenas seis. Não lemos nada a respeito no restante dos pais a respeito desses sacramentos, nem eles os reconheceram assim quando falaram dessas coisas, pois a invenção desses sacramentos é algo moderno. Então também — e pode ser que eu seja arrojado demais para dizê-lo — é de igual modo insatisfatório que algo de tanta importância seja atribuído a Dionísio — independentemente de sua identidade —, pois não há quase nada de sólido que se saiba a respeito dele. Pois por que autoridade ou razão, pergunto eu, ele prova suas invenções concernentes aos anjos em *Hierarquia celestial*, um livro sob o qual mentes supersticiosas e curiosas têm gasto tanto labor? Não são todas elas fantasias, sonhos, se as lemos e as julgamos de maneira livre? Em sua teologia mística, tão decantada por certos teólogos muito ignorantes, ele se equivoca e segue mais a Platão que a Cristo, e eu gostaria que ninguém que crê gastasse o menor esforço no estudo desses livros. Você estará tão longe de aprender de

Cristo nesses livros que, mesmo se o conhecesse, sem dúvida o perderia. Falo por experiência. Ouçamos antes Paulo, e aprendamos sobre Jesus Cristo, e este crucificado. Pois ele é o caminho, a verdade e a vida, é a escada pela qual vamos ao Pai, como está escrito: "[...] '[...] Ninguém vem ao Pai, a não ser por mim'" [João 14.6].

Assim, ele descreve em *Hierarquia da igreja* certos ritos eclesiásticos, divertindo-se com suas alegorias não comprovadas, como tem sido feito em nosso tempo pelo autor de *Razão das coisas divinas*. A busca de alegorias só serve para homens de mente fraca. Teria eu alguma dificuldade em me divertir com alegorias sobre qualquer coisa existente? Boaventura não aplicou as artes liberais de maneira alegórica à teologia? Eu não teria dificuldade para escrever uma *Hierarquia* melhor que a de Dionísio, pois ele não sabia nada sobre papas, cardeais e arcebispos, e fez dos bispos a ordem mais elevada. Quem de fato tem essa sagacidade que não pode se aventurar em alegorias? Não quero que nenhum teólogo preste atenção em alegorias, até que conheça com perfeição o sentido simples e legítimo das Escrituras; de outro modo, como aconteceu com Orígenes, suas especulações teológicas não estarão isentas de perigo.

Por isso não devemos tornar sacramentais o que Dionísio descreve; de outro modo, por que não fazer da procissão, na mesma passagem, um sacramento, e que continua em uso até hoje? Desse jeito haverá tantos sacramentos como há ritos e cerimônias surgidos na igreja. Baseando-se nesse fundamento tão fraco, eles inventaram e atribuíram a esse sacramento deles certos aspectos indeléveis, para serem impressos nos que recebem as ordens. De onde, pergunto eu, vêm essas fantasias? Com que autoridade e com base em que raciocínio eles são estabelecidos? Não que façamos objeção ao fato de serem livres para inventar, aprender ou afirmar seja o que for que lhes agrade; mas também afirmamos nossa própria liberdade e dizemos que não devem se arrogar o direito de criar artigos de fé com base em suas fantasias, como presumiram fazer. Não é o bastante que, por causa de um acordo, nos submetamos a seus direitos e invenções, mas não sejamos obrigados a recebê-los como necessários para a salvação, quando são mesmo desnecessários. Que eles deixem de lado as exigências tirânicas, e nós demonstraremos pronta submissão às suas preferências, para que possamos viver juntos em paz mútua. Pois para o cristão, um homem livre, é algo desgraçado, injusto e servil se sujeitar a qualquer tradição, a não ser as celestiais e divinas.

Depois eles apresentam seu argumento mais forte, que Cristo disse na última ceia: "Façam isto em memória de mim". "Vejam", dizem eles, "Cristo os ordenou como sacerdotes". Daí que, entre outras coisas, eles aprenderam que as duas espécies devem ser ministradas apenas aos sacerdotes. De fato, eles extraíram do texto o que quiseram; como homens que alegam o direito de asseverar pela própria e livre escolha tudo que querem com base nas palavras de Cristo. Mas isso significa interpretar as palavras de Deus? Responderemos a eles que nessas palavras Cristo não faz nenhuma promessa, apenas ordenou que seja feito em memória dele. Por que eles não concluem que os sacerdotes foram ordenados na passagem em que Cristo, ao lhes conceder o ministério da palavra e do batismo, disse: "[...] 'Vão pelo mundo todo e preguem o evangelho a todas as pessoas' " (Marcos 16.15)? Este é o ofício peculiar dos sacerdotes, pregar e batizar. Mais uma vez, como no presente este é o ofício do sacerdote e, como eles dizem, um ofício indispensável, ler as *horas canônicas*; por que eles não retiraram sua ideia de sacramento das ordens das palavras nas quais Cristo ordenou aos discípulos — como ele fez em vários outros lugares, mas em especial no jardim de Getsêmani — orar para não cair em tentação? A não ser que de fato fujam da dificuldade dizendo que isso não é uma ordem para orar, pois é suficiente ler as *horas canônicas*, mas não se pode provar em nenhum lugar das Escrituras que se trata de uma obra sacerdotal, e que consequentemente o sacerdócio de oração não é de Deus, como de fato não é.

Qual dos antigos pais afirmou por essas palavras que os sacerdotes foram ordenados? De onde então vem essa nova interpretação? Procurou-se, por esse artifício, estabelecer uma fonte de implacável discórdia, pela qual o clero e os leigos sejam separados e permaneçam divididos como os céus e a terra, para a incrível injúria da graça batismal e a confusão da comunhão evangélica. Daí se originou a detestável tirania do clero sobre os leigos, na qual, confiando à unção corporal pela qual suas mãos são consagradas, à tonsura e suas vestimentas, eles não apenas se estabeleceram acima do conjunto dos cristãos leigos, ungidos com o Espírito Santo, mas quase olhavam para eles como se fossem cães, indignos de serem numerados na igreja consigo. É isso que eles ousam ordenar, exigir, ameaçar, conduzir e oprimir à vontade. Em suma, o sacramento das ordens foi e é um engenho admirável para o estabelecimento de todos os males monstruosos que foram trazidos, e ainda o são, para a igreja. Dessa forma, a irmandade cristã pereceu; dessa maneira os pastores se transformaram em lobos, os servos em tiranos e as coisas eclesiásticas em mundanas.

E se eles fossem obrigados a admitir que todos nós, todos os batizados, somos igualmente sacerdotes? Nós o somos de fato, e apenas um ministério lhes foi confiado, e com nosso consentimento. Eles saberiam que não têm o direito de exercer autoridade sobre nós, a não ser que voluntariamente o permitamos. Pois está escrito que somos "geração eleita, sacerdócio real, nação santa, povo exclusivo de Deus, para anunciar as grandezas daquele que [n]os chamou das trevas para a sua maravilhosa luz" (1Pedro 2.9). Assim, todos os cristãos são sacerdotes. Os chamados ministros foram escolhidos dentre nós para fazer todas as coisas em nosso nome, e o sacerdócio não é mais que um ministério. Paulo diz: "Portanto, que todos nos considerem servos de Cristo e encarregados dos mistérios de Deus" (1Coríntios 4.1).

Segue-se daí que quem não prega a palavra, sendo chamado para esse ofício pela igreja, não é de modo algum sacerdote, e que o sacramento das ordens não é nada além de uma cerimônia para escolher pregadores na igreja. Esta é a descrição dada de um sacerdote: " 'Porque os lábios do sacerdote devem guardar o conhecimento, e da sua boca todos esperam a instrução na Lei, porque ele é o mensageiro do SENHOR dos Exércitos' " (Malaquias 2.7). Esteja certo de que quem não atua como mensageiro do Senhor dos Exércitos, ou que é chamado para fazer outra coisa além da tarefa de um mensageiro — se assim posso dizer — sem dúvida não é um sacerdote, como está escrito: " 'Meu povo foi destruído por falta de conhecimento [...]' " e: " '[...] eu também os rejeito como meus sacerdotes; uma vez que vocês ignoraram a lei do seu Deus, eu também ignorarei seus filhos' " (Oseias 4.6). Eles são chamados pastores porque é dever deles oferecer alimento ao povo, isto é, ensinar. Portanto, os ordenados apenas para o propósito de ler as *horas canônicas* e oferecer missas são de fato sacerdotes papistas, mas não sacerdotes cristãos, pois eles não pregam nem são chamados para ser pregadores; um sacerdócio desse tipo se estabelece em uma base muito diferente do ofício de pregador. São sacerdotes de *horas* e missais — um tipo de imagens vivas, tendo o nome de sacerdotes, mas muito longe de o serem; esses sacerdotes são como os ordenados por Jeroboão em Bete-Áven, tirados das camadas mais baixas do povo, não da família de Levi.

Veja para quão longe fugiu a glória da igreja. O mundo inteiro está cheio de sacerdotes, bispos, cardeais e clérigos, mas deles (no que tange a seu dever oficial) nenhum prega — a não ser que seja chamado outra vez por outro chamado que não o das ordens sacramentais — mas pensa que cumpre de forma plena os propósitos do sacramento ao murmurar, em vã repetição, as orações que deve ler e celebrar missas. Mesmo assim, ele nunca utiliza essas *horas*, ou, se o faz, ora para si mesmo; enquanto no auge da perversidade, reza missas como sacrifício, ainda que a missa seja de fato o uso do sacramento. Está claro que as ordens pelas quais, como sacramento, homens desse tipo são ordenados para serem clérigos são na verdade mera e simples ilusão inventada por quem não entende nada de questões eclesiásticas, sacerdócio, ministério da palavra ou sacramentos. O sacramento é semelhante aos sacerdotes que o estabelecem. A esses erros e cegueira, foi acrescentado grau maior de escravidão, no qual, para se separar ainda mais dos outros cristãos, como se eles fossem profanos, foi imposto o celibato mais hipócrita.

Não foi o bastante para a hipocrisia deles e para a operação desse erro a proibição da bigamia, isto é, ter duas esposas ao mesmo tempo, como acontecia na antiga aliança — pois sabemos que esse é o sentido da bigamia —, mas eles a interpretaram como sendo um homem se casar sucessivamente com duas virgens, ou com uma virgem e uma viúva. A santidade mais santificada desse sacrossanto sacramento vai além, e um homem não pode nem se tornar sacerdote caso tenha se casado com uma virgem enquanto ela estiver viva como sua esposa. E, para alcançar o ponto culminante da santidade, mantém-se um homem fora do sacerdócio se ele tiver se casado com uma mulher que não seja virgem pura, ainda que tenha se casado em ignorância e apenas por acaso infeliz. Mas se ele se contaminou com seiscentas prostitutas, ou se corrompeu com qualquer número de matronas ou virgens, ou mesmo manteve muitos Ganimedes, não será impedimento para se tornar bispo, cardeal ou mesmo papa. Então a palavra do apóstolo "marido de uma só mulher" deve ser interpretada como "o cabeça da igreja una", a não ser que o papa — o magnífico concessor de dispensas — seja subornado com dinheiro ou levado por algum favor — isto é, movido por caridade piedosa e pressionado pela ansiedade pelo bem-estar das igrejas — escolha unir um homem a três, vinte ou cem esposas, isto é, igrejas.

Ó pontífices, dignos do venerável sacramento das ordens! Ó príncipes não das igrejas católicas, mas das sinagogas de Satanás, sim, das próprias trevas! Podemos clamar com Isaías: "Portanto, ouçam a palavra do SENHOR, zombadores, vocês, que dominam este povo em Jerusalém" (Isaías 28.14) e com Amós, quando condena os "[...] que vivem tranquilos em Sião, e que se sentem seguros no monte de Samaria; vocês, homens notáveis da primeira entre as nações, aos quais o povo de Israel recorre!" (Amós 6.1). Ó quanta desgraça para a igreja de Deus vem das monstruosidades do sacerdotalismo! Onde estão os bispos ou sacerdotes que conhecem o evangelho, para não dizer pregá-lo? Por que então eles se orgulham do seu sacerdócio? Por que desejam ser considerados mais santos, melhores e mais poderosos que os outros cristãos, a quem chamam de leigos? Que pessoa iletrada não é competente para ler as *horas*? Monges, eremitas e pessoas comuns, ainda que leigos, podem usar as orações das *horas*. A tarefa de um sacerdote é pregar, e, a não ser que ele o faça, ele é tão sacerdote como a figura de um homem é um homem. A ordenação desses sacerdotes tagarelas, a consagração de igrejas e sinos, ou a confirmação de crianças constituem um bispo? Um diácono ou um leigo não pode fazê-lo? É o ministério da palavra que faz um sacerdote ou um bispo.

Jovens, fujam, eu os aconselho, fujam, se desejam viver em segurança, e não busquem admissão a esses ritos santos, a não quer que queiram pregar o evangelho, ou que creiam que vocês não foram feitos melhores que os leigos pelo sacramento das ordens. Ler as *horas* não é nada. Celebrar a missa significa receber o sacramento. O que então permanece em vocês, que não é encontrado em qualquer leigo? A tonsura e as batinas? Sacerdócio desgraçado, que consiste em tonsura e batinas! É o óleo derramado nos dedos? Todo cristão é ungido e santificado em corpo e alma com o óleo do Espírito Santo, e antigamente os cristãos tinham permissão para administrar os sacramentos, não menos que os sacerdotes hoje fazem; ainda que nossa superstição hoje considere isso um grande crime para os leigos, se eles apenas tocarem o cálice ou o corporal;[1] nem mesmo uma freira santa tem permissão de lavar as vestes do altar e os guardanapos sagrados. Quando vejo quão distante a santidade sacrossanta dessas ordens se tornou, espero que venha o tempo em que os leigos terão permissão para tocar o altar, exceto quando oferecem dinheiro. Quase queimo de raiva quando penso nas tiranias ímpias desses homens despreocupados, que zombam da liberdade e da glória da religião de Cristo e a arruínam com essas leviandades frívolas e pueris.

Que todo homem cristão reconheça que o é, e esteja certo de que todos somos igualmente sacerdotes, isto é, que temos o

---

[1] A palavra "corporal" na liturgia católica refere-se a uma cobertura de linho usada para cobrir o cálice e o cibório, isto é, o prato ou bandeja onde fica a hóstia. [N. do T.]

mesmo poder na palavra, e em qualquer sacramento, ainda que não seja legítimo para qualquer um usar esse poder, exceto com consentimento da comunidade, ou ao chamado de um superior. Pois o que pertence a todos em comum nenhum indivíduo pode arrogar a si mesmo, até que receba o chamado. Portanto, o sacramento das ordens, sendo alguma coisa, não é nada além de um rito pelo qual homens são chamados a ministrar na igreja. Além disso, o sacerdócio não é nada mais que o ministério da palavra — quero dizer, a palavra do evangelho, não da lei. O diaconato é um ministério, não para a leitura do evangelho ou da epístola, como é praticado hoje, mas para a distribuição da riqueza da igreja entre os pobres, de modo que os sacerdotes possam ser aliviados do peso das coisas temporais e possam se entregar mais livremente à oração e à palavra. Foi para esse propósito, como lemos em Atos dos Apóstolos, que os diáconos foram apontados. Assim, quem não conhece o evangelho, ou não o prega, não deve ser sacerdote ou bispo; na verdade, trata-se de uma espécie de peste para a igreja, que, sob o falso título de sacerdote ou bispo, vestido como ovelha, esconde o evangelho e age como um lobo na igreja.

Então esses sacerdotes e bispos dos quais a igreja hoje está lotada, a não ser que trabalhem para sua salvação em outro plano — ou seja, a não ser que se reconheçam como não sendo nem sacerdotes nem bispos, e se arrependam de levar o nome de um ofício cuja obra não fazem, não entendem, nem podem realizar, e assim deploram com orações e lágrimas o destino miserável da hipocrisia deles — são em verdade o povo da eterna perdição, a respeito de quem serão cumpridas as palavras "Portanto, o meu povo vai para o exílio por falta de conhecimento. A elite morrerá de fome; e as multidões, de sede. Por isso o Sheol aumenta o seu apetite e escancara a sua boca. Para dentro dele descerão o esplendor da cidade e a sua riqueza, o seu barulho e os que se divertem" (Isaías 5.13,14). Ó palavra terrível para nossa época, na qual os cristãos são engolidos em tal abismo de mal!

Tanto quanto aprendemos das Escrituras, pois o que chamamos sacerdócio é um ministério, não vejo de modo algum razão para que o homem que se tornou sacerdote não possa se tornar leigo de novo, pois em nada ele difere do leigo, a não ser pelo ofício ministerial. Mas é impossível um homem ser separado do ministério, mesmo por um tempo, ou privado para sempre do ofício, pois essa ficção de caráter indelével há muito tempo se tornou objeto de escárnio. Admito que o papa possa forçar esse caráter, ainda que Cristo não saiba nada disso, e por essa mesma razão o sacerdote assim consagrado seja perpetuamente servo e fiador, não de Cristo, mas do papa, como acontece hoje. Mas, a não ser que esteja enganado, se no futuro esse sacramento e ficção caírem por terra, o próprio papado dificilmente manterá sua base, e recuperaremos a liberdade alegre pela qual se entende que todos somos iguais em todos os sentidos, e sacudiremos o jugo da tirania, e saberemos que cristão é quem tem Cristo, e quem tem Cristo tem todas as coisas pertencentes a Cristo, e pode fazer todas as coisas — sobre as quais escreverei de forma mais ampla e vigorosa quando descobrir que o que disse desagrada a meus amigos papistas.

Do sacramento da extrema-unção

Ao rito de ungir os enfermos, nossos teólogos fizeram duas adições dignas deles mesmos. Uma é que a chamam de sacramento, a outra, que a tornaram extrema, de modo que não pode ser ministrada exceto aos que estão em perigo extremo de vida. Talvez — por serem dialéticos perspicazes — eles o tenham estabelecido em relação à primeira unção do batismo, e os dois posteriormente à confirmação e as ordens. Eles são, é verdade, a promessa e o sinal, os dois elementos que, conforme já afirmei, constituem um sacramento. Com base na autoridade do apóstolo Tiago: "Entre vocês há alguém que está doente? Que ele mande chamar os presbíteros da igreja, para que estes orem sobre ele e o unjam com óleo, em nome do Senhor" (Tiago 5.14). Aqui estão, dizem eles, a promessa de remissão dos pecados e o sinal do óleo.

Entretanto, digo que, se uma tolice já foi dita, ela foi dita quanto a esse assunto. Deixo de lado o fato que muitos asseveram, e com grande probabilidade, que essa epístola não foi escrita pelo apóstolo Tiago, e não é digna do espírito apostólico, ainda que, independentemente de quem a tenha escrito, ela adquiriu autoridade com o uso que lhe foi dado. Mesmo assim, se tivesse sido escrita pelo apóstolo Tiago, eu diria que um apóstolo não pode instituir um sacramento pela própria autoridade, isto é, apresentar uma promessa divina com um sinal a ela anexado. Agir assim pertence apenas a Cristo. Por isso Paulo diz ter recebido o sacramento da eucaristia da parte do Senhor, e que ele foi enviado não para batizar, mas para pregar o evangelho. Mas em nenhum lugar do Evangelho se lê sobre o sacramento da extrema-unção. Mas deixemos isso de lado e olhemos para as palavras do apóstolo, ou quem quer que tenha sido o autor da epístola, e veremos como esses homens falharam em observar seu verdadeiro significado, aumentando assim o número dos sacramentos.

Em primeiro lugar — se eles pensam que o dizer do apóstolo é verdadeiro e digno de ser seguido —, com que autoridade o modificam e a ele resistem? Por que transformam em extrema e especial a unção que o apóstolo queria generalizar? O apóstolo não disse que ela é extrema e deve ser administrada apenas a quem está prestes a morrer. Ele diz expressamente: "Entre vocês há alguém que está doente? [...]" [Tiago 5.14]. Não diz: "Alguém está morrendo?". Eu também não me importo com o que a *Hierarquia eclesiástica* de Dionísio pode ensinar a respeito; as palavras do apóstolo são claras, sobre as quais o autor e seus escritos igualmente se baseiam, ainda que não lhes obedeçam. Então é evidente que, por nenhuma autoridade, mas por sua própria conveniência, eles criaram, com base em um entendimento equivocado do apóstolo, o sacramento e a extrema-unção, errando com todos os doentes, a quem, com base na autoridade deles mesmos, privaram do benefício da unção a quem o apóstolo indicou.

Mas este é um argumento ainda melhor, pois o apóstolo declara de maneira expressa: "A oração feita com fé curará o doente; o Senhor o levantará [...]" [Tiago 5.15]. O apóstolo ordena o uso da unção e da oração com o propósito de que o doente possa ser curado e se levantar, isto é, que não venha a morrer; então, a unção não pode ser extrema. Isso se prova pelas orações feitas até hoje na cerimônia de unção, nas quais pedimos que o doente seja restaurado. Eles dizem, pelo contrário, que a unção não deve ser ministrada exceto aos que estão prestes a partir, isto é, aos que não podem ser curados e se levantar. Se o assunto não fosse tão sério, quem não riria de um comentário tão bem feito, coerente e inteligente das palavras do apóstolo? Não detectamos aqui a tolice sofista que em tantos outros casos, bem como neste, afirma o que as Escrituras negam, e negam o que elas afirmam? Não vamos agradecer aos nossos distintos mestres? Tenho dito que em lugar nenhum eles apresentaram uma tolice maior que nesse caso.

Mais que isso — se a unção é um sacramento, ele deve sem dúvida ser um sinal efetivo (como eles dizem) do que ele sela e promete. Há aqui uma promessa de saúde e restauração ao doente, como resta demonstrado com clareza nas palavras "A oração feita com fé curará o doente; o Senhor o levantará". Quem não vê que a promessa raramente é cumprida, se é que foi alguma vez? Dificilmente um em mil é curado, e mesmo nesse caso ninguém acredita que a cura foi efetuada pelo sacramento, mas pela ajuda da natureza ou da medicina, ao passo que ao sacramento atribui-se o efeito contrário. O que diremos então? O apóstolo está nos enganando com a promessa, ou a unção não é um sacramento; pois uma promessa sacramental é segura, mas essa em muitos casos nos desaponta. Reconhecendo outro exemplo da prudência e do cuidado desses teólogos, manterão a unção como extrema para que a promessa não se cumpra, isto é, que o sacramento não seja sacramento. Se a unção é extrema, ela não cura, mas é derrotada pela doença, e se ela cura, não pode ser extrema. Então, de acordo com a interpretação desses mestres, Tiago deve ser entendido como tendo entrado em contradição, ao instituir um sacramento sem o propósito de instituí-lo; pois eles precisam tê-lo como extrema-unção, para que não seja verdade que os doentes sejam curados, como o apóstolo ordenou. Se isso não é uma loucura, pergunto eu, então o que é uma loucura?

As palavras do apóstolo "querendo ser mestres da lei, quando não compreendem nem o que dizem nem as coisas acerca das quais fazem afirmações tão categóricas" [1Timóteo 1.7] aplicam-se a esses homens; com discernimento tão pequeno eles leem e tiram conclusões. Com a mesma estupidez eles inferiram a doutrina da confissão auricular das palavras do apóstolo Tiago: "[...] confessem os seus pecados uns aos outros [...]" [5.16]. Eles não observam o mandamento do apóstolo: os presbíteros da igreja devem ser chamados para orar pelos doentes. Raramente um sacerdote é enviado, ainda que o apóstolo desejasse que muitos estivessem presentes, não com o propósito da unção, mas da oração, como diz: "A oração feita com fé curará o doente". Além disso, não estou certo de que ele tenha dito que se deva entender sacerdotes nesse caso, pois ele diz presbíteros, isto é, homens mais velhos. Não se conclui daí que um homem mais velho seja um sacerdote ou um ministro, e que devamos suspeitar que o apóstolo tenha pretendido que o doente deva ser visitado por homens de idade mais avançada e de mais peso na igreja, que deveriam assim agir como obra de misericórdia, e curar o doente pela oração da fé. Ao mesmo tempo não se pode negar que antigamente as igrejas eram lideradas por homens mais velhos, escolhidos para esse propósito por causa de sua idade e longa experiência de vida, sem as ordenações e consagrações atualmente usadas.

Por conseguinte, opino ser essa a mesma unção usada pelos apóstolos, a respeito de quem está escrito: "[...] ungiam muitos doentes com óleo e os curavam" (Marcos 6.13). Era um rito da igreja primitiva, há muito obsoleto, pelo qual eram realizados milagres mediante a imposição de mãos sobre os doentes, como Cristo diz sobre os que creem: " 'pegarão em serpentes [...] imporão as mãos sobre os doentes, e estes ficarão curados' " (Marcos 16.18). É surpreendente que não tenham feito sacramentos também dessas palavras, pois eles têm virtude e promessa parecidas com as palavras de Tiago. A pretendida extrema-unção então, não é um sacramento, mas um conselho do apóstolo Tiago, retirado, como já afirmei, do evangelho de Marcos, e um conselho que qualquer um pode seguir. Não penso que se aplique a todas as pessoas doentes, pois a igreja se gloria em suas enfermidades, e considera a morte como ganho, mas só nos que não suportam as enfermidades e têm pouca fé, e a quem, portanto, o Senhor permitiu que o poder miraculoso e a eficácia da fé fossem conspicuamente demonstrados.

Tiago de fato, de forma cuidadosa e intencional, providenciou contra esse erro, o qual ele liga à promessa de cura e remissão dos pecados não com a unção, mas com a oração da fé, pois diz: "A oração feita com fé curará o doente; o Senhor o levantará. E, se houver cometido pecados, ele será perdoado" (Tiago 5.15). O sacramento não requer oração da fé da parte de quem o ministra, pois mesmo um ímpio pode batizar e consagrar os elementos sem oração; mas o sacramento descansa apenas na promessa e instituição de Deus e requer fé da parte de quem o recebe. Mas onde está a oração da fé no emprego da extrema-unção atualmente? Quem ora pelo doente com fé a ponto de não duvidar de sua restauração? Essa é a oração de fé que Tiago aqui descreve, a oração da qual ele disse no início da epístola: "Peça-a, porém, com fé, sem duvidar [...]" [Tiago 1.6], e da qual Cristo diz: " 'Portanto, eu digo: Tudo o que vocês pedirem em oração, creiam que já o receberam, e assim sucederá' " (Marcos 11.24).

Não há dúvida de que, se mesmo no presente a oração fosse feita pelos doentes — isto é, por presbíteros sérios e piedosos —, muitos seriam curados. Pois o que a fé não pode fazer? Nós, entretanto, perdemos de vida o que a autoridade apostólica exige em primeiro lugar, e mais ainda os presbíteros, isto é, homens superiores aos demais, na idade e na fé, que entendemos como o grupo comum dos sacerdotes. Além disso, da unção diária ou gratuita nós criamos a extrema-unção e, por fim, não apenas não pedimos e não obtemos o resultado da cura prometida pelo apóstolo, mas esvaziamos a promessa de seu sentido por um resultado oposto. Não obstante, nos orgulhamos desse sacramento ou, antes, da nossa fábula, como se estivesse fundada e baseada no ensino do apóstolo, mas desse ensino está tão separada como um poste em uma rua está distante de outro. Oh, que teólogos!

Portanto, sem condenar o sacramento da extrema-unção, eu firmemente nego que ele tenha sido ordenado pelo apóstolo Tiago, pois o que ele fala não concorda com o nosso sacramento nem na forma, nem na prática, nem na eficácia, nem no propósito. Não obstante, vamos considerá-lo entre os sacramentos que nós mesmos criamos, como a consagração e o aspergir de água e sal. Não podemos negar, como o apóstolo Paulo nos ensina, que toda criatura é santificada pela palavra de Deus e pela oração, e então não negamos que perdão e paz são concedidos por meio da extrema-unção; não porque seja um sacramento divinamente instituído, mas porque quem o recebe acredita obter esses benefícios. Pois a fé de quem recebe o sacramento não erra, não importa quanto o ministrante possa errar. Pois se quem batiza ou absolve em deboche — isto é, ele não absolve de fato, no que tem a ver com a parte do ministro — se há de fato uma absolvição e um batismo, se houver fé da parte da pessoa absolvida ou batizada, quanto mais o que ministra a extrema-unção concede a paz, ainda que de fato ele não a conceda, se olhamos para seu ministério, pois não há aí um sacramento. A fé da pessoa ungida recebe a bênção que quem a ungiu não poderia, ou não pretendeu, conceder. É o suficiente que a pessoa ungida ouça e creia na palavra, pois, conforme ela crê, receberá, e de fato recebemos, seja o que for que o ministro possa ou não fazer, esteja ele interpretando como se fosse um teatro, ou se fosse um deboche. Pois a palavra de Cristo continua válida: "[...] 'Tudo é possível àquele que crê' " [Marcos 9.23] e "[...] 'Que seja feito segundo a fé que vocês têm!' " [Mateus 9.29]. Mas nossos sofistas não fazem menção da fé ao tratar dos sacramentos; antes, ficam pensando em discussões frívolas sobre suas virtudes; sempre aprendendo, e nunca chegando ao conhecimento da verdade.

Mas tem sido proveitoso que essa unção tenha sido feita extrema, pois graças a isso ele tem sido o menos prejudicado e, de todos os sacramentos, o menos preso pela tirania e sede de lucro; a misericórdia tem sido deixada aos moribundos, pois eles estão livres para serem ungidos, mesmo que não tenham se confessado ou comungado. Mesmo que ela fosse uma prática diária, em especial se um doente tivesse sido curado, mesmo que pecados não tivessem sido removidos, de quantos mundos os pontífices não teriam sido senhores — eles, que por força do sacramento da penitência, e pelo poder das chaves, e por intermédio do sacramento das ordens, tornaram-se poderosos príncipes e imperadores? Por isso é bom que eles desprezem a oração da fé, de modo que não curam nenhum doente e, com base em um antigo ritual, criaram para eles mesmos um novo sacramento.

Já se disse o bastante sobre esses quatro sacramentos. Sei quanto isso desagradará a quem pensa que a respeito do número e do uso dos sacramentos nós temos que inquirir não as Santas Escrituras, mas a Sé de Roma, como se a Sé de Roma nos tivesse dado os sacramentos, e não os tivesse recebido das escolas das universidades, às quais, sem controvérsia, Roma deve tudo o que tem. A tirania papal não foi tão alta como se não tivesse recebido tanta ajuda das universidades, pois, entre todas as principais sés, dificilmente há outra que tenha tido tão poucos bispos eruditos. Por força, fraude e superstição apenas ela prevaleceu sobre as demais, e os que ocuparam a sé há mil anos são tão diferentes dos que agora estão no poder que somos obrigados a dizer que um ou outro não foi pontífice de Roma.

Há também outras coisas, e pode até parecer que as consideremos entre os sacramentos — todas as coisas às quais uma promessa divina foi feita, como a oração, a palavra e a cruz. Cristo prometeu muitas vezes ouvir os que oram, em especial no capítulo 11 do evangelho de São Lucas, onde ele nos convida, por meio de muitas parábolas, a orar. Sobre a palavra, ele diz: "[...] '[...] felizes são aqueles que ouvem a palavra de Deus e lhe obedecem' " (Lucas 11.28). E quem será capaz de reconhecer com que frequência essas promessas são socorro e glória para os atribulados, sofredores e humilhados? Quem será capaz de contar todas as promessas divinas? Pois o objetivo das Escrituras é nos conduzir à fé, por um lado, instando-nos com mandamentos e ameaças, e, por outro lado, convidando-nos com promessas e consolações. De fato, as Escrituras consistem em mandamentos e promessas. Seus mandamentos humilham os orgulhosos com suas exigências, e suas promessas exaltam os humildes ao remir seus pecados.

No entanto, parece melhor considerar como sacramentos propriamente os acrescidos de promessas. Segue-se que, se falamos com perfeita exatidão, há apenas dois sacramentos na igreja de Deus, o batismo e a ceia, pois é apenas neles que vemos um sinal divinamente instituído e uma promessa de remissão dos pecados. O sacramento da penitência, que reconheço junto com esses dois, não tem sinal visível ou um sinal divinamente apontado, e é nada mais, como já tenho afirmado, que uma maneira e um meio de voltar ao batismo. Nem os professores das universidades podem dizer que a penitência concorda com a definição deles, visto que eles mesmos atribuem a cada sacramento um sinal visível que capacita os sentidos a apreender a forma do efeito que o sacramento trabalha de modo invisível. A penitência ou absolvição não tem esse sinal; portanto, eles serão forçados pela própria definição a admitir que a penitência não é um dos sacramentos, a diminuir seu número, ou então criar outra definição de sacramento.

Mas o batismo, que designamos ao todo da vida, será suficiente para todos os sacramentos que devemos usar nela, enquanto a ceia é verdadeiramente o sacramento da morte e da partida, pois nele comemoramos a partida de Cristo do mundo, para que possamos imitá-lo. Distribuamos então os dois sacramentos, o batismo, para o início e todo o decorrer da vida, e a ceia, para seu fim e para a morte, e que o cristão, enquanto está no corpo vil, se exercite em ambos até que, sendo batizado e fortalecido, saia do mundo, como alguém nascido para a vida nova e eterna, e destinado a comer com Cristo no Reino de seu Pai, como ele prometeu na Última Ceia, dizendo: " 'Pois eu digo que não beberei outra vez do fruto da videira até que venha o Reino de Deus' " (Lucas 22.18). Depreende-se daí que Cristo instituiu o sacramento da ceia para que possamos receber a vida que está por vir, e então, quando o propósito de cada sacramento tiver sido cumprido, ambos, o batismo e a ceia, cessarão.

Devo dar um fim a este ensaio, que pronta e alegremente ofereço a todas as pessoas piedosas que desejam entender as Escrituras em seu sentido sincero, e aprender o uso genuíno dos sacramentos. É uma dádiva de não pequena importância "conhecer as coisas que nos são livremente ofertadas por Deus" e saber de que maneira devemos usar esses dons. Pois, se somos instruídos nesse julgamento do Espírito, não engaremos a nós mesmos apegando-nos a coisas que lhe são contrárias. Até o momento nossos teólogos só nos deram conhecimento dessas duas coisas, mas as obscureceram; do modo que as propuseram, eu, se não tivesse dado esse conhecimento, teria ao menos tentado não o obscurecer e dado a outros o estímulo para pensar em algo melhor. Pelo menos tem sido meu esforço explicar o significado de ambos os sacramentos, mas não podemos fazer todas as coisas. Mas quanto aos homens ímpios, que em sua obstinada tirania nos pressionam com os próprios ensinos como se eles fossem de Deus, eu confio todas essas coisas livre e confiantemente, não me preocupando com a ignorância e a violência deles. E para eles eu desejo que tenham melhor senso, e que não desprezem seus esforços, mas que saibam distingui-los dos que são legítima e realmente cristãos.

Ouço falar que novas maldições e bulas papais estão sendo preparadas contra mim, pelas quais serei forçado a me retratar, ou então ser declarado herege. Se for verdade, desejo que este pequeno livro seja parte da minha futura retratação, para que eles não possam reclamar que sua tirania se enfatuou em vão. A parte restante publicarei em breve, Cristo me ajudando, e de sorte tal que a Sé de Roma nunca viu nem ouviu, testificando assim abundantemente da minha obediência em nome de nosso Senhor Jesus Cristo. Amém.

> Hostis Herodes impie,
> Christum venire quid times?
> Non arripit mortalia
> Qui regna dat coelestia.

Este livro foi composto com tipografia Adobe Garamond Pro e impresso em papel Off-White 70 g/m² na Formato Artes Gráficas.